昔話はなぜ、お爺さんとお婆さんが主役なのか

大塚ひかり

草思社

はじめに

昔話の登場人物で一番多いのは誰でしょう。

答えは「お爺さんとお婆さん」。

昔話は必ずといっていいほど、

「むかしむかし、あるところにお爺さんとお婆さんがいました」

で始まり、登場人物もメインは老人です。

なぜ昔話では、こんなにも老人が活躍するのか。

生産性の低い「弱者」であるはずの老人が重要な役割を果たしているのか。

そんな疑問を胸に抱きながら昔話に描かれる老人を調べていくと、

「三世代同居で、子や孫に囲まれ、茶などすすって隠居暮らしをする老人」

という、現代人の思い描きがちな前近代の老人像とはほど遠い姿が、そこにあることが分かります。

第一に昔話では子や孫のいない老人が大半です。

「舌切り雀」や「笠地蔵」、「かちかち山」は二人暮らしの老夫婦の話ですし、「かぐや姫」や「桃太郎」は子供のいない老夫婦が、偶然、子供を見つけるお話です。鳥の会話が分かるようになって富を得る「聞き耳頭巾《ずきん》」のような一人暮らしの老人の話も少なくありません。

第二に、昔話の老人はたいてい貧乏で、いつもあくせく働いています。

「お爺さんは山へ柴刈りに、お婆さんは川で洗濯に」

というのは昔話の語りの定番ですし、「笠地蔵」のお爺さんなどは、大晦日のぎりぎりまで、笠を売りに町へ働きに出かけています。第三に、昔話の老人は、子や孫がいても、「姥《うば》捨て山」説話に代表されるように、捨てられるなどの「冷遇」を受けていることが多いものです。

第四に、昔話の老人は「良い老人」と「隣の悪い老人」のように極端なキャラクターで表現されることが多く、両者が平和に共存することはまれで、最後は「良い老人」の幸運を妬《ねた》んだり羨《うらや》んだりした「悪い老人」が破滅する。過酷な「生存競争」の世界がそこにあります。

昔話の老人を見ていると、その特徴は「貧困と孤独と嫉妬」にあるとすら思えてきます。

要するに昔話の老人の地位は「低い」のです。

にもかかわらず、彼らは、物語の「主役」となっている……。

翻《ひるがえ》って、今の日本は、超のつく高齢化社会、老人社会といわれ、新聞・雑誌・ネットなど、あらゆるメディアに老人に関する話題が上がらぬ日はありません。

いわば、老人は社会の「主役」といえます。

もちろん、現代の老人は、昔話の老人と違って「社会におけるマジョリティ」であり、「老人が金を貯め込んで使わないから経済が回らない」と時に揶揄《やゆ》されるなど、異なる点は多々あります。

一方で、共通点もたくさんあるのです。

本書では昔話の老人と現代の老人の意外な共通点、昔話や、昔話と密接な関係のある古典文学に描かれた老人たちの、いわば「知られざる姿」を紹介します。

七十歳で行商と婚活に精を出す尼、介護目当てで三、四十歳年下の尼と同棲し殺されそうになる七十歳の僧侶、出世したさに八十過ぎの寺の長官を殺そうとする七十歳の次席僧、実は認知症だったかもしれない「鬼婆」と称された老母などなど。

どれも超高齢化社会の現代日本にいても不思議ではない人たちばかりで、昔話や古典文学に描かれた老人の「現代性」に驚くはずです。

そんな彼らを生んだ社会背景……奈良・平安時代の官僚は七十歳という今より高年齢に定年が設定されていたとか、結婚率の低かった十六・十七世紀以前には「独居老人」が多かったというような事実と共に、老人たちの「物語に満ちた姿」をお見せしていきます。

現代日本の老人のみならず、中年や若者世代にさえ重なる彼らの姿、弱いようでしぶとく、枯れているようでエロく、姥捨て山に捨てられても決して死ぬことなく、時にその老醜さえも武器にしてしまうその姿が、「昔話ではなぜお爺さんとお婆さんが主役なのか」の、答えになっているはずです。

また本書では、昔話に秘められた「歴史の真実」を掘り起こしていくことで、「謎解きの楽しみ」も感じていただけるでしょう。

「孝行息子」がなぜ老母を姥捨て山に捨てるのか。

浦島太郎はなぜ鯛や平目の舞い踊る宴に招かれたのか。

昔話ではなぜ「良いお爺さん」の隣に「悪いお爺さん」が住んでいるのか……。

そうした謎の追求過程では、四十の独身男の「浦島太郎」や、若返った爺婆のセックスで生まれた「桃太郎」、爺が婆を食う「かちかち山」など、童話化して毒抜きされる前の昔話も随時紹介していきます。

幼い日に親しんだ昔話に、人間の原点ともいうべき真理や日本人の歴史や民俗がひそんでいたことを、なつかしさと共に味わっていただけるかと思います。

私自身、まだ文字も読めない幼いころ、毎夜、昔話を読み聞かされて育ちました。

思えば私が古典文学を仕事にしたのも、そこに、「浦島太郎」や「一寸法師」「かぐや姫」といった昔話でおなじみの物語がたくさんあったからにほかなりません。

昔話はいわば私の「原点」です。

　そんな昔話と、古典文学を題材にしたこの本を、これから老人になる人たち、すでに老人になった人たち、昔話に一度でも触れたことのあるすべての人たちに、読んでいただければ幸いです。

カバーイラストレーション……丸山誠司
ブックデザイン……日下潤一
本文組版……浅妻健司＋赤波江春奈

昔話はなぜ、お爺さんとお婆さんが主役なのか　目次

凡例

一　原文からの引用は〃〃で囲みました。現代語訳は「　」で囲みました。

二　とくに断りのない限り、引用文の現代語訳は筆者によるものです。

三　原文は巻末参考文献より引用しました。

四　引用した原文は、分かりやすさを重視して、句読点・濁点・ルビを補ったり、片仮名を平仮名に、平仮名を漢字に、旧仮名遣いを新仮名遣いに換えた箇所もあります。

五　『古事記』等に出てくる神名は基本的に片仮名表記にしてあります。

昔話はなぜ、お爺さんとお婆さんが主役なのか

序章　昔の老人の人生

昔話と古典文学が伝える貧しさや孤独という「現実」

太古、老人は「社会のお荷物」だった

「むかしむかし、あるところに」といったことばで始まる、いわゆる「昔話」は、日本にまだ文字のなかった、いつとも知れぬ時代から「口頭」で語り伝えられてきたといわれています。

日本に漢字や漢文が伝来したといわれるのが四世紀から六世紀の半ばころ（大島正二『漢字伝来』）ですから、それ以前の弥生時代や縄文時代から昔話は語り伝えられていた可能性があるのです。

そんな遠い昔に、老人はどんな扱いを受けていたのか。

たとえば縄文時代の老人はどうだったのか。

考古学者の山田康弘によれば、縄文時代の老人についての資料は少なく、分かっていること

も少ないながら、当時の老人の埋葬状態や副葬品などを調べると、同時代の熟年・壮年期の人々と比べ、

「簡素な扱いを受けている」（『老人と子供の考古学』）

そうです。

「大昔の人々は『老人』を大切にしていたというイメージ」を抱いていた山田氏は、これを意外に感じ、縄文時代の「老人」について考え、調査を続けた結果、縄文時代の老人の「力」は、

「相対的に低かったと考えることができる」

と結論づけます。

山田氏が縄文時代の「老人」を知る助けとしたのが、現代の「無文字社会」、いわゆる「未開社会」における「老人」の社会的処遇を調査した文化人類学者の研究成果でした。

氏が参考にした論文の一つが青柳まちこの「老いの人類学」。

ここに紹介されているシモンズの一九四五年に出版された本によると、取り上げられた七十一の未開社会のうち、老人遺棄に関して情報のある三十九社会中、十八社会が老人遺棄を実施、さらに老人殺しについてはその情報のある四十四社会中、「頻繁にある」「かなり頻繁に存在する」が十一社会、「時として存在する」が十一社会もありました。

また、グラスコックとファイマンの「老人は社会の資源か？　社会の重荷か？」という一九八一年に発表された論文によると、「老人」を扶養しているのは研究対象となった五十七の未

開社会のうち三十五％で、そのうちの八十四％は老人を何らかの形で「冷遇」（侮蔑・財産奪取・隔離・放置・遺棄・殺人など）している。老人殺しは十九％の社会で見られ、その大多数の社会では「老人殺しと扶養が共存している」といい、今まで扶養していたものが遺棄や殺人といった冷遇へ変わるのは、老人が「健康」を失った時といいます。

つまり、

「健全な老人は、尊敬・愛着の対象」

となるものの、

「いったん老人に心身の衰えや、老衰・痴呆などの症状が現れ始めると、彼らは社会のお荷物となり、冷たくあしらわれることになる」（青柳まちこ）

というのです。

いささかショッキングなこの分析結果を、山田氏は縄文時代の老人の力の低さを考える上で参考になるとして、縄文人は、たとえ熟年期に社会的地位のあった人物も、高齢になり心身の衰えが顕著になると、

「『退役』や『隠居』といった形で集落・集団運営の表舞台からは退いた、あるいはそのように想像したくないが、排斥されたというのが、実態ではなかろうか」

と推測しています。

要するに無文字社会における老人は基本的に「社会のお荷物」であり、老人が大事にされるのは、農耕や漁撈などによる安定した食の供給があり、土地の所有権や法体系が確立し、年功序列や階級を有するなど「複雑化」（山田氏前掲書）した社会に限るというわけです。

昔話の老人たちが貧しい理由

日本で農耕が始まったのが縄文後期、三千五百年ほど前といわれ、それ以前は、一部の漁撈民以外、食の供給は不安定だったでしょう。

日本列島に人が住み始めたのは、少なく見積もっても三万年以上前とされていますから、大部分は不安定な時代だったわけです。

これは昔話の老人たちが判で押したように不安定な暮らしをしていることと符号します。

柳田國男の『日本の昔話』（全百六話）をテキストにして、老人が主人公となっている話を数えてみると二十八話。それらの話の老人の経済状態はその日暮らしというのがほとんどですが、とくに「貧乏」「かすかな暮らし」といったことばで貧しさが強調される話は五話。もともと金持ちだった老人が主人公の話は一話もありません。

そして働く老人の話は十七話。六割強が働いている。

さらにその中で、お婆さんも木綿を織ったり、爺と畑仕事、川で洗濯、家で仕事など、老夫婦共働きは四話。
仕事の中身はというと、生業が分かる十五話中、田植えの苗代の見回りが一話、畑仕事が一話、山で畑仕事が三話、山で竹・薪・柴・木を刈るなどの山仕事が七話（収穫物を加工するなどして行商に行く者もあり）、川で雑魚捕りや山で鹿狩りが一話、婆の作った木綿を爺が売るのが一話、笠売りが一話と、山での畑仕事も含めれば、十五話中十一話、約七十三％が山仕事です。

昔話の成立時期や流布した時期は各話によって異なりますし、不明としか言いようがないのですが、昔話に見える老人たちの生業は安定とはほど遠く、縄文時代とまではいかないものの、それに近いものがあることが分かります。

これから見ていくように、昔話の老人の特徴は「貧しさ」と「孤独」にあることを思うと、その成立時期は、縄文時代にも似た貧しさに支配された、もしくは貧しさの記憶の残る時代だったでしょう。そして語り手は、そうした貧しさを記憶する庶民階級だったでしょう。そこでは文化人類学者が調査対象とした未開社会のように、「姥捨て」が現実のものとして行われていた可能性もあるのではないか。

姥捨ての話は説話上だけのことで、正式な記録は見当たらないから、そうした習俗はなかったというのが定説ですが、むしろ昔話にこそ、お上が作らせた正式文書より、本当のことが語られている可能性もあるでしょう。

紫式部は『源氏物語』で、光源氏にこう言わせています。

「日本紀《にほんぎ》などはほんの片端に過ぎない。物語にこそ、委細を尽くした真実が描かれているのだろう」（〝日本紀などはただかたそばぞかし。これらにこそ道々《みちみち》しく詳しきことはあらめ〟）（「螢」巻）

天皇の勅命で作られた『日本書紀』などの正統な歴史書には、権力者に都合のいいことだけ、事実のほんの一端が書かれているに過ぎない、作り話として低く見られる物語にこそ、もっと詳しい本格的な事情が描かれているというのです。

昔話も似たようなものです。お上がチェックしない、まずいことを言っても誰も罰せられない、作り手の名も知れぬ昔話だからこそ、それに託して本当のことを語れたという一面もあったでしょう。

昔話に語られる「姥捨て山」の風習が日本で現実に行われていたかは不明としか言いようがありませんが、これから紹介していくように、昔話はしばしば「現実」を反映しています。昔話だけではありません。文字に書かれた古典文学もまた、昔話以上に、書かれた当時の現実を反映しているのです。

昔話と古典文学は「現実」の反映

昔話にはなぜ老人が多いのか？　の答えを追究する際、困ったのは、昔話における老人のまとまった研究が皆無といっていい状態だったこと以上に、昔の老人の暮らしや人口比、寿命などもも江戸時代半ば以前のことははっきりとは分からないことでした。

限られた時代の、どこそこの村といった局地的な情報や分析はあっても、通時代的な研究はない。その時、助けとなったのが、古典文学です。

昔話と古典文学は、共に、それが語られ作られた当時の「現実」を反映しています。

貴族社会がなければ王朝文学の『源氏物語』はできず、戦乱がなければ軍記物語の『平家物語』は語られません。

重病人を遺棄する習慣や過酷な食料事情がなければ昔話の「姥捨て山」も語られず、現実に人が人を食うことがなければ「安達ヶ原の鬼婆」が旅人を食うという昔話も作られなかったのです。

実際に、二百年前の天明の大飢饉では、東北地方の人々が、牛や馬を食い尽くし、死人の肉を食ったという記録がたくさん残っています。

死んでからだと味が悪くなるというので、弱った者を生きているうちに殺して食う例も多かったといい、子に捨てられて餓死した親も現実にいました。自分の子を殺して食った者もいて、青森の大野村では、庄屋と酒造家の二軒だけは人を食べなかったものの、残る家では皆、人を食べ、別のある里では、餓死者の出た家に来て、

「死骸を私に下さい。その代わり、私の母親が餓死したら、差し上げますから」(〃屍《しかばね》を我れに賜

へ。我が母餓死の後に返へすべし〟）

と、死体を求める者もいました（『北行日記』）。

「姥捨て山」や、人を食う鬼婆といった現実にはあり得ないように思える昔話でも、それが語られ受け入れられた背景には、裏づけとなる「事実」があった。昔話の老人は、その話が語られ受け入れられた当時の現実の老人の姿を反映しているのです。

それにしても、なぜ「昔話」だけではなく、「古典文学」なのか。

本文に入る前に、「昔話」とは何か、「古典文学」とは、また、両者の関係について触れておきます。

童話化される前の昔話には「毒」がある

昔話というと、「桃太郎」「かちかち山」「浦島太郎」等を思い浮かべる人が多いでしょう。

しかしこれらの有名昔話のストーリーは、子供向けにアレンジされた「童話」であることがほとんどです。

「童話」は江戸時代の終わりに生まれたことばですが、それが盛んに作られるようになったのは明治以降で、昔話の中から子供に似つかわしいものを選び、改編したものを指します。

とくに昭和期に入ってから、残酷性や性的要素を取り除くといった「毒抜き」の傾向が強まります。

たとえば現代の童話の「かちかち山」は、狸汁にされそうになった狸がお婆さんに哀願して縄をほどいてもらうものの、そのお婆さんを殺して逃げてしまうところから話が始まりますが、明治半ばくらいまでに作られた童話の一部や、子供向けに改編される前の「昔話」では、狸はお婆さんを殺して「婆汁」にしてしまい、それをお爺さんに食べさせたあげく、「婆（を）食った爺やい」と罵っています。爺に人肉食をさせる、それも妻の肉を食べさせるのですから尋常ではありません。

こうした「昔話」は一言でいうと口頭で伝わってきた「口承文芸」の一つです。明治時代、昔話をはじめて体系的に研究した民俗学者の柳田國男によれば、「必ず冒頭に昔々といふ一句を、副へて語つて居るハナシ」（『昔話覚書』）

つまり「むかしむかし、あるところに」といったことばで語り始めるという「型」があるのが昔話の条件で、作者はもちろん、その多くは作られた時代も不明。口から口へと伝承されますから、地方や時代、語り手によって物語が変えられており、「かちかち山」一つとっても、おびただしい数のタイプがあります。

昔話の研究家の稲田浩二は、六万話にのぼる日本全国の昔話を収集、『日本昔話通観』資料

明治二十一（一八八八）年の
お伽噺「かちく山」
（国立国会図書館デジタルコレクション）

堤吉兵衛著。婆を殺した狸が婆に化け、爺に飯を食わせながら、〃ばゞあおくつたぢゞいやい〃と言っている。左ページには〃ゑんのしたのほねお見ろ〃とあり、婆の白骨が描かれる。

昭和二（一九二七）年の
絵本「カチカチ山」
（国立国会図書館デジタルコレクション）

画作・榎本松之助。「タヌキシル　ダトオモツテタ　ゴチソウハジツハ　オバアサンノ　ミデアリマシタ」と文にはあり、爺が婆を食べたことは分かるが、「婆食つた爺やい」という狸のセリフが消え、絵にも婆の骨などはなく、残酷度が減っている。

昭和二十五（一九五〇）年の「講談社の絵本　かちかち山」（国立国会図書館デジタルコレクション）

文・松村武雄。絵・尾竹國観。爺が婆汁を食べるという設定は文からも絵からも消え、爺が死んだ婆の仏壇に線香をあげ手を合わせている。この形式はその後も受け継がれ、平成七（一九九五）年発行の筆者手持ちの絵本でも、同じように爺が線香をあげている。戦後の絵本では爺による人肉食はなくなり、死者への供養の念・敬意が強調される。

篇全二十九巻（うち全二十六巻は小澤俊夫との責任編集）・研究篇全二巻にまとめており、私も本書でその功績には大変お世話になりました。稲田氏によれば、日本の昔話は約千種のタイプに分類されるといいます（『新版　日本昔話ハンドブック』）。

一方の「古典文学」は、基本的に前近代までの、文字に書かれて伝わった文学全般を指します。『古事記』などの歴史文学、『源氏物語』などの物語文学などなど、早い話が、古典の授業で習うものすべてが含まれます。古い物語文学の多くは作者不明ですが、成立年代はほぼ特定できる上、紫式部の『源氏物語』など、作者の分かるものもある点が昔話との違いです。

古典文学には「昔話の源流」が潜んでいる

そんな昔話と古典文学には、共通する話も多く、「浦島太郎」「舌切り雀」「海幸山幸」「一寸法師」などの有名昔話と同じような話は、古典文学の中にも存在します。

有名なのが「かぐや姫」。「竹取の翁」が竹の中からかぐや姫を発見する話は、平安時代に書かれた『竹取物語』という古典文学として存在する一方で、「かぐや姫」と題する昔話としても各地に伝わっています。

ここで問題となるのが、古典文学の『竹取物語』が先か、昔話の「かぐや姫」が先かといったことですが、このへんは各物語によっても違う上、専門家のあいだでも意見が分かれ、断言するのは困難です。

そもそも、かつて……たとえば平安時代には、昔話と古典文学とのあいだに明確な区別はありませんでした。

『源氏物語』では、主人公の光源氏が、娘に〝読み聞かせ〟るために、〝昔物語〟を厳選し、書き整えさせ、絵にも描かせています（「螢」巻）。当時の物語は文字で書かれたものを読むだけでなく、声に出して読み、耳で聞くという「口承文芸」的要素、今の「昔話」的なところがあったわけです。光源氏が選んだこの〝昔物語〟が何を指すかは不明ですが、「意地悪な継母の〝昔物語〟などは取り除いた」とあるところから、継母にいじめられた継子が貴公子と結婚して幸せになる『落窪物語』といった古典文学を指しているのかもしれない。一方で、昔話にも多くの継子いじめの物語が残っているので、あるいはそうした昔話を指しているのかもしれません。

『源氏物語』では、年寄りが昔を思い出して語る過去の話も〝昔物語〟と呼ばれています。今も「昔話」というと、この本で扱う「口頭で伝わってきた物語」と、「過去の経験にまつわる話」という二つの意味がありますが、『源氏物語』の時代もそうだったのです。

つまり平安時代は、「古典文学」「昔話」「過去の話という意味での昔話」のすべてが〝昔物語〟と呼ばれていました。

さらに南北朝時代から室町時代に入ると、平易な筋の短編の物語文学が現れ、江戸初期までの約三百年にわたるあいだ、おびただしい数が作られます。現在、「御伽草子」とか「室町物語」といった名で呼ばれるそれらの物語群の中には新たに創作された物語のほか、いつのころとも知れぬ昔から口頭で伝わってきた昔話が文字化されたものも加わります。「一寸法師」「ものくさ太郎」「姥皮《うばかわ》」などがそれです。

このように、千年以上も昔から、昔話と古典文学は互いに影響しあい、切っても切れない関係にありました。稲田氏によれば、昔話の中には、書物や文字をなかだちとして海外から伝播したものも少なくないといい、事は日本だけにはとどまりません（『新版　日本昔話ハンドブック』）。

古典文学と昔話によく似た話がある場合、どちらが先にできたかは一概に断定できないものの、確実なのは、古典文学の話は、現行の昔話より「一段古い形」のものであって、つまりそこには「昔話の源流がある」ということです。

昔話は老人であふれている

本書は、昔話と共に、その源流でもある古典文学での老人の描かれ方を追い、さらに時代背景を調べることで、昔の老人たちの実態に迫り、ひいては「なぜ昔話にはお爺さんとお婆さんが多く、また主役であることが多いのか」という謎の解明に近づくことが目的です。

その前にまず、

「昔話には本当に老人が多いのか」

「多いとしたら、どのくらいの率なのか」

という問題があります。

柳田國男の『日本の昔話』をテキストに調べてみたところ、全百六話中、動物や竜、神しか出てこない話が十六話、人間の話（動物や神が出てくる話も含む）が九十話でした。

人間の九十話中、老人が主人公の話を数えると二十八話。

主人公の親が老人なのが一話、主人公が老人と接したり、爺の神様や山姥、婆に化けた娘など、何らかの形で老人が登場する話が十九話。

これに老人が主人公の二十八話を足すと、九十話中、実に四十八話に老人が登場します。

これは人口に占める老人の割合が少なかった昔の社会では、大変なことです。

第一章で詳しく述べますが、江戸後期の農村の六十六歳以上の「老年人口はせいぜい数％どまり」でした（鬼頭宏『人口から読む日本の歴史』）。

鬼頭氏によれば「全国人口が初めて調査されたのは一七二一年のこと」で、それ以前の正確な記録はないので分からないものの、少なくとも江戸後期には、老人は社会の少数派でした。

ところがそんな時代に語られていたはずの昔話ときたら、先の『日本の昔話』を例にとれば、人間の物語のうち、老人を主人公にする話は約三十一・一％、老人が登場する話は実に五十三・

三％という、老人の多さです。

ちなみに現代日本では、六十五歳以上の老人が人口に占める割合は一九八五年に十％を超え、二〇一三年の人口推計によれば、二十五・一％と、四人に一人という計算です（統計局ホームページ）。

主人公が老人の昔話は、『日本の昔話』では三十一・一％ですから、二十五・一％という現代日本の老人率を超えていることになります。

昔、「老人」とは何歳くらいを指したか

昔話に老人が多いのは数字的にも確実ですが、気になるのは、昔話における「老人」とは一体何歳くらいなのだろう、ということ。

昔話は「むかしむかし、お爺さんとお婆さんが」というだけで、年齢については書かれていないことが多いものです。

平均寿命の短い昔のことですから、老人といっても案外、若かったのではないか？　という疑問が、読者の頭には浮かぶことでしょう。

が、実はそうでもないのです。

長い歴史を通じて「老人」の概念はさほど変わることなく、数え年（以下、同様）六十一歳が老人の始まりと考えられていました。それどころか律令制の行われていた奈良・平安時代、官僚が辞職を許される年齢は七十歳、江戸幕府が定めた老衰による隠居年齢も同じく七十歳と、現代日本の定年より高齢に設定されていました。

福祉の発達していなかった昔は、定年を過ぎても働かざるを得ない老人も多く、一方、最高権力者には、八十歳で死ぬまで関白をつとめた藤原道長の息子の教通《のりみち》のような人もいる。その教通がさらに八歳年上の姉の彰子に政治の相談をしていたのです。

このあたりの詳しいことについては、第一章で説明します。

第一章

昔話の老人は、なぜ働き者なのか

「爺は山で柴刈り、婆は川で洗濯」の背景

昔話の老人は異様に働き者です。

「かぐや姫」を発見したお爺さんは、朝夕、竹を刈ることを仕事としていましたし、「桃太郎」のお爺さんは山に柴刈りに、お婆さんは川へ洗濯へ行っていました。「笠地蔵」のお爺さんも大晦日だというのに笠を売りに出かけていますし、「こぶ取り爺さん」は薪割りや山で木を刈る仕事をしていました。

先に触れたように、柳田國男の『日本の昔話』を例にとれば、老人が主人公の二十八話中、十七話の老人、つまり六割強が働いています。

昔話の老人が働き者である理由として、大きく分けて二つの社会背景があると私は考えます。

一つは、昔（前近代）の老人が、現代人が考える以上に元気だったこと。

もう一つは、死ぬまで働き続けなければ生活できない老人の実態があったこと、です。

前近代のお寒い福祉事情

無文字社会（時代）の老人の地位が低く、「冷遇」されているといっていいほどだったことは前章で述べましたが、文字が使われるようになって以後も、前近代の老人福祉はお寒い限りでした。

古代法の令《りよう》（今でいう民法）では、

「八十歳になる者と〝篤疾《とくしち》（とくしつ）〟（難病、狂気、両足が使えない、両目が見えないのたぐい）には〝侍《じ》〟（介護役）を一人与えよ。九十歳の者には二人。百歳の者には五人。まず子や孫を当てよ。もし子や孫がなければ、近親者を取ることを許せ。近親者もなければ、〝白丁《びやくちやう》〟を取れ」（「戸令《こりよう》」）

とあって、子孫も近親者もない者には〝白丁〟（課役を負担する無位の成年男子）を取ることが許されていました。

また、政府の編纂《へんさん》した歴史書『続日本紀《しよくにほんぎ》』（七九七）の養老元（七一七）年十一月には、

「天下の老人の八十歳以上の者に位一階を授ける」

それに加えて、

「百歳以上の者には、絁《あしぎぬ》三疋、綿《わた》三屯、布四端、粟《あわ》二石」

とあって、九十以上、八十以上の人にも、それより少なめの絁や綿などが天皇の詔《みことのり》によって授けられることになりました（巻第七）。

これは、同年九月、元正《げんしょう》天皇が美濃国《みののくに》の多度山《たどさん》に行幸した際、〝美泉《よきいづみ》〟を発見、天皇自ら手を洗うと皮膚が滑らかになり、従者が飲んだり浴びたりしたところ、白髪は黒くなり、抜け落ちた髪が再び生え、その他の病が皆癒えたので、中国の書物から取って、元号を〝養老元年〟と改めた、その関連で「老人に対する、叙位と通例より多い賜物」（新日本古典文学大系『続日本紀』二　校注）となったといういきさつがありました。

つまり、改元に際する特別措置だったわけで、ふだんは先に挙げた「戸令」の、九十歳以上には二人、百歳以上には五人の介護者がつくという規定があったわけですが、百瀬孝によれば、「この規定がどの程度施行されたかという肝腎なことはわからない」

といい、時代が下ると共に有名無実化し、中世になって律令制度が崩壊したあとは、「領主が各支配下の荘園内で、一時的、思いつき的に救済を行なった」に過ぎず、「制度として述べるようなことは、ほとんどない」

江戸時代に入っても、

「救貧についての全国的な施策は皆無」

という、なんともお寒い状況でした（百瀬孝『日本福祉制度史』）。

鎌倉時代の仏教説話集『沙石集《しゃせきしゅう》』（一二八三）には、〝中風《ちうぶ》〟（脳卒中による半身不随）になった僧侶が、もとは弟子も門徒も多かったのに、物乞いする身に落ちぶれて、

「〝妻子〟があれば、これほどの情けないことにはならなかったろうに」

と言って、僧侶が通りかかるたびに妻帯を勧めた話があります（巻第四の四）。

実際には妻子のいない者は、『沙石集』の僧侶のように物乞いになるしかないという例が多かったのでしょう。

そして、ここにこそ、昔話の老人が働き者であるもう一つの理由があると私は考えます。

年金システムもない、老人福祉もととのっていない前近代では、庶民は生きている限り、働き続けなければ生活が立ちゆきません。

しかも、学問もない老人に与えられる仕事ときたら、「はじめに」でも触れたように、不安定な山仕事や行商が大半です。

貧しい老夫婦が、お地蔵様に小判をもらう「笠地蔵」、お殿様に褒美をもらう「花咲か爺」や「屁ひり爺」、自分たちの垢から生まれた男児の力で暮らしが楽になる「力太郎」、桃から生まれた男児、神に祈って授かった男児に金持ちにしてもらう「桃太郎」や「一寸法師」、竹から生まれた姫君に金持ちにしてもらう「かぐや姫」などなど、昔話に他力本願的な、棚ぼた式の「成金」話があふれているのも、そうしたあり得ないような奇蹟でも起きなければ、貧しい老人が金持ちになる手立てなど、前近代にはなかったからです。

昔話の多くが「一生、安泰に暮らしましたとさ」で締めくくられるのは、前近代に生きる人々の老後の不安が、現代人の比ではなかった事実を反映しているのです。

意外と長生きだった昔の老人

のっけから暗い話になってしまいましたが、昔話の老人が働き者だったのは、昔の老人が、現代人が考える以上に元気だったということもあるかと思います。

というと、

「昔の人は早死にだから、老人といっても四十くらいでしょう？」

と反論されそうです。

確かに、それも一理あります。

鬼頭宏によれば、日本の「全国人口が初めて調査されたのは一七二一年のこと」で、それまでは正確な人口はもちろん、人員の年齢構成も不明ですが、宗門人別改帳《しゅうもんにんべつあらためちょう》（キリスト教を取り締まる目的も加味された戸籍調査）や寺の過去帳などから推計できる一六〇〇年ころの寿命は、「よくてもせいぜい三〇歳程度であったであろう」（『人口から読む日本の歴史』）

といい、「昔の人は早死に」という印象が正しいことを裏づけています。

けれどもこの数字は、「非常に高い乳幼児死亡率」のせいであり、

「死亡率の高い危険な年齢を過ぎると、平均余命は案外長く、七〇歳以上の長寿者もまれではなかった」（鬼頭氏）。

鬼頭氏が作成した、信濃国湯舟沢村の「年齢別平均余命」から計算すると、一六七五年から

一七九六年にかけて、二十一歳まで生き延びた者の平均寿命は男子五十九・六歳、女子五十五・四五歳。六十一歳まで生き延びた者の平均寿命となると、男子七十四・三歳、女子七十四歳に達しています。

こうした事情はヨーロッパでも同様で、

「二十世紀以前のいかなる時期においても、平均寿命（ゼロ歳児平均余命）はどこでもわずか四十歳から四十五歳程度であった」が、

「危険の多い人生初期を切り抜ければ、産業化以前のどの時代にあっても、六十歳かそれ以上に長生きをする可能性は十分にあった」（パット・セイン『老人の歴史』）のです。

古今東西で変わらぬ「老い」の開始年齢

「老人とは何歳以上を指すか」に関する認識も、長い歴史を通じて意外と変わっていません。

古代の律令では、〝六十一を老と為《せ》よ。六十六を耆《き》と為よ〟（「戸令」）

とあります。

昔の年齢は生まれた時を一歳として、正月ごとに年を重ねていく「数え年」方式ですから、満年齢でいえば六十歳から老人とされていたわけで、六十歳を定年とする現代の感覚と同じです。

〝耆〟は〝老〟と同じく老人のことですが、兵役や課役の負担に差をつけるために区別しており、〝耆〟＝六十六歳以上になると「課役を全免した」（日本思想大系『律令』補注）のです。六十五歳までは税が課せられていたわけで、満年齢に直せば六十五歳から年金をもらう、つまりそれまでは働くという現代日本の感覚と大差ありません（古代には年金制度はありませんが）。

これは西洋も同じようなもので、

「古代ギリシャ・ローマ、中世と近代初期のヨーロッパ、十九世紀の北アメリカとオーストラリアにおいて、老年期は、今日でもそうだが、六十歳から七十歳の間のどこかで始まると考えられていた」（パット・セイン前掲書）

昔も成人後まで生きた人の平均寿命は案外長く、

「いくつから老人なのか」

という観念も、長い歴史でそれほど変わっていないのです。

超高齢老人たちの苛烈な出世争い

やはりそうか、という感じです。

日本の古典文学が大好きで、子供時代から読み続けている私の印象は、

「昔の人、少なくとも古典文学に描かれた昔の人は、意外と長生きで元気だ」

ということだからです。

歴史物語の『大鏡《おおかがみ》』（平安後期）には、仏は八十歳で入滅したことを根拠に挙げて、「人間の寿命は八十歳とすべきですが、仏が人の命に定めはないと分からせるために、最近でも九十、百まで生きる人のことはしぜんと耳に入ってくるようです」とあります。人の寿命は八十歳と考えられていたものの、九十、百まで生きる人が当時も見聞きされていたのです。

古典文学には驚くほど元気な老人の話もあって、説話集の『今昔物語集』（一一三〇前後）には、八十歳過ぎの金峰山寺《きんぶせんじ》の〝別当〟（長官）を、七十歳の次席僧が殺そうとする話もあります（巻第二十八第十八）。

いつまで経っても〝強《つ》よ強よとして〟（かくしゃくとして）死にそうにない別当の姿に、「このままでは私は別当になれぬまま先に死んでしまうかも」と焦った次席僧は、〝わたり〟という猛毒キノコを食べさせることを思いつきます。

そして〝わたり〟を〝平茸《ひらたけ》〟と偽って、うまそうなキノコ鍋にして別当にご馳走、「今に反吐《へど》を吐き散らし、頭が痛くなって悶え苦しむぞ」と期待して待っていたところ、別当の様子はいっこうに変わらない。

「実に不思議だ」と思っていると、別当は、

〝歯も無き口〟

でにやりと笑って、言いました。

「今まで私はこんなにおいしく調理した〝わたり〟を食べたことがありませんでしたよ」

なんと別当はそのキノコが猛毒キノコの〝わたり〟であることを見抜いていて、しかも〝わたり〟に耐性のある体質だったのです。

『今昔物語集』ができた平安末期ころの仏教界の堕落を物語る罰当たりな話ではありますが、老人がポストを占めて若い人に回らない、しかもその若い人とは七十歳なのですから、超高齢化社会の現代日本顔負けではありませんか。

古代の定年は七十歳

昔の人はそんなに年を取るまで現役だったのかと驚く人もいるでしょうが、実は、律令の規定では、

〝凡そ官人《くわんにん》年七十以上にして、致仕聴《ちじゆる》す〟(「選叙令」)

とあって、古代の官僚は七十歳が、〝致仕〟(退職)が許される年齢、今でいう定年でした。

しかも七十で辞めるかどうかは「実際には任意であった」(日本思想大系『律令』校注)ため、七十過ぎても意欲と健康さえあれば、働き続ける人はいたのです。

とくに権力者には定年はないも同然で、平安中期の藤原道長の長男頼通《よりみち》(九九二〜一〇七四)

などは二十八歳から七十六歳まで、実に五十年近くも関白職にありました（彼は八十三歳まで生きます）。

弟の教通《のりみち》（九九六～一〇七五）が関白職につけたのは頼通が引退した翌年、七十三歳になってからでした。そして八十歳で死ぬまで関白をつとめたのです。

先の『今昔物語集』の高齢者の権力闘争のような話が現実の政界でもあったわけです。

しかも頼通・教通兄弟の姉・彰子（九八八～一〇七四）は、一条天皇の中宮として後朱雀《ごすざく》、後《ご》冷泉《れいぜい》の二帝を生むことで国政に強い発言力を持ち、彼女が八十七歳で崩御した際は、弟の関白教通が、

「〝ことわりの御年のほど〟（亡くなるのも道理のお年のほど）とはいえ、これからは、女院《にょういん》（彰子）以外のどなたにご相談すればいいのだろう」

と嘆いています（『栄花物語』巻第三十九）。

この時、教通は七十九歳。

七十九歳の関白が八十七歳の女院に相談しながら政治を動かしていたのです。庶民が年老いても薪拾いや行商といった金にならない仕事をして我が身を養っていたのと比べ、権力者たちは死ぬまで権力の上に居座ろうとしていたのですね。

ちなみに道長の正妻の倫子は九十歳、その母親の穆子は八十六歳、道長のもう一人の妻の明子も推定年齢八十五歳まで生きており、倫子が九十で死んだ時、長女の彰子は六十六歳でした。

「子供が定年を迎えたのに、まだ親が生きている」

などと呆れ半分、愚痴半分といった感じの声をよく聞きますが、そっくりなことが平安時代にもあったのです。

長生きの有名人としては、鎌倉時代の後深草院《ごふかくさいん》や亀山院の母方祖母の藤原貞子（北山准后《きたやまのじゅごう》。一一九六～一三〇二）がいて、百七歳の長寿をまっとうしています。あとで見るように、古代法である律令や史書である『続日本紀』にも百歳以上の規定があったり、古代中国の歴史書『魏志』（三世紀末）の倭人伝には、

「倭人（日本人）は〝寿考《ながいき》〟で、ある者は〝百年〟、ある者は〝八・九十年〟生きる」

とあり、千七百年もの昔にも長生きな人はいたことが分かります。

八十過ぎの高齢になるまで創作活動をした老人も数多くいました。

先に紹介した『沙石集』の著者無住《むじゅう》（一二二六～一三一二）も一三〇五年、八十歳の時、『雑談集《ぞうたんしゅう》』という説話集を完成させています。

こうした実在のパワフル老人については、おしまいの第十六章で詳しく紹介します。

第二章

昔話の老人は、なぜ「子がいない」のか

「わらしべ長者」のルーツを探る

昔話を読んでいて気づくのは、「老人が多い」というほかに、「子供のいない老人が多い」ということです。

「笠地蔵」「かちかち山」「こぶ取り爺さん」「舌切り雀」「花咲か爺」「屁ひり爺」などは、いずれも子のない老人の話ですし、「桃太郎」「かぐや姫」「瓜子姫」「力太郎」「一寸法師」などは、もともと子のない老夫婦が川を流れる桃や瓜から、あるいは神に祈って子供を授かるところから物語が展開しています。

また、「はなたれ小僧様」など、一人暮らしのお爺さんが、思いがけず、福を生み出す男児を得る話も少なくありません（昔話にはとくに一人暮らしのお爺さんが多いのですが、それについてはあとで触れます）。

柳田國男の『日本の昔話』を例にとれば、老人が主人公の二十八話中、老夫婦の二人暮らし

が十三話、一人暮らしが五話（爺四話、婆一話）、一人暮らしとは明記されないものの子や配偶者の登場しない老人の話が六話（爺五話、婆一話）、独り身の老人が子供と暮らしている話は四話。つまりほとんどが老夫婦か単身の老人の話で、三世帯家族の話は一つもありません。

昔話に子のない老人や老夫婦が多いのは、昔話の老人が貧しいことと関係しています。第一章で見た通り、前近代のお寒い福祉事情では、老後の暮らしは子や孫に頼らざるを得ないわけですが、子や孫のない老人は否が応でも働かねばならず、しかも、鎌倉時代の『沙石集』で著者の無住がルポしたように、病気などで働けなくなれば物乞いになってしまうような、厳しい実態がありました。

昔話に子のない老人が多いのは、一つには、社会の最底辺ともいえる貧しい者たちが金持ちになるという「ギャップ」の面白さを狙っているのでしょう。

もう一つは、実際に、前近代には「子供のいない老人」「独身のまま年を重ねる老人」が多かったという現実があったからだと私は考えます。

昔も独居老人は多かった

内閣府の「平成24年版高齢社会白書」によれば、六十五歳以上の「一人暮らし高齢者」が

「高齢者人口に占める割合」は、昭和五十五（一九八〇）年には男性四・三％、女性十一・二％だったのが、平成二十二（二〇一〇）年には男性十一・一％、女性二十・三％と、増加の一途をたどっています。

では、かつての老人はどんな家族構成の中で生きていたのでしょう。

たとえば平安中期の『源氏物語』（一〇〇八ころ）などに描かれた貴族たちは、妻方の実家に夫が通う新婚時代はともかく、子供ができたりすると夫婦は親たちとは別居するのが普通です。実在の人物でいえば、藤原道長もはじめは妻の源倫子（平安時代は夫婦別姓）の実家に「通って」いたのですが、娘の彰子が誕生すると、源倫子の実家に「移り住み」、娘夫婦に屋敷を譲った倫子の父母は一条邸という屋敷に引っ越して、母は一条の尼と呼ばれるようになります。平安貴族のあいだでは基本的に娘へ家土地が受け継がれ、『落窪物語』で家族が住んでいた家も、ヒロインが亡き母から譲られたものという設定でした。道長夫婦の住んだ家も妻の源倫子が親から相続したものです。

鎌倉時代の『吾妻鏡《あづまかがみ》』などを読んでも、親と屋敷を別に構える武士は多く、江戸時代の『世《せ》間胸算用《けんむねざんよう》』（一六九二）を読むと、老母は母屋とは別の隠居所に住んでいるという設定の話などもあって（巻二）、これはまぁ恵まれたケースでしょう。

そもそも古代・中世では、家族を形成できる階級は限られており、「下人」と呼ばれる隷属的な使用人は、一生独身か、片親家庭が多かったのです。

下人のような下層階級の家族形態が分かる資料はまれで、大隅国禰寝《ねじめ》（建部）氏が一二七六年、嫡子らに譲渡した下人九十五名（うち一人は解放）の内訳が記された文書には「夫婦・親子関係がわかる形で記されている」ため重視されています（磯貝富士男「下人の家族と女性」）。

この資料によると、下人には三世代同居は一例もなく、下人九十五名から解放された一人を除く九十四名六十一家族のうち、夫婦が揃っているのは九家族二十七名、うち子のない夫婦が三家族六名です。つまり夫婦が揃って子もいる家族は六家族二十一名（うち子二人夫婦が三家族十二名、子一人夫婦が三家族九名）で、下人六十一家族のうち六家族、一割以下に過ぎません。

母子家庭は九家族二十名（うち子二人母が二家族六名、子一人母が七家族十四名）。

父子家庭は三家族七名（うち子二人父が一家族三名、子一人父が二家族四名）。

最多は独身で、男女九十四名中四十名です。つまり六十一家族のうち四十家族が独身という、ほとんど「家族」とは呼べないような形の例が、下人の家族形態の六割以上を占めているのです。

これが、鎌倉初期の下層民の実態でした。

鬼頭宏によれば、古代・中世は、一般家庭でも次男以下や、戸主のオジや兄弟といった家を継ぐ立場でない者の有配偶率は低く、下人などの隷属農民同様、「多くは晩婚であり、あるいは生涯を独身で過ごす者が多かった」といいます（『人口から読む日本の歴史』）。

南北朝・室町時代から江戸時代初期、つまり十四世紀から十七世紀にかけて作られた御伽草子と呼ばれる物語群には「一寸法師」や「浦島太郎」「ものくさ太郎」や「姥皮《うばかわ》」といった今の昔話の源流に当たる話が詰まっているのですが、その話の多くが、「結婚してたくさんの子が生まれました、めでたしめでたし」で終わるのは、結婚して家庭を持つことが多くの庶民にとって憧れだったからなのです。

結婚が「手の届かない憧れ」から「手を伸ばせば届く夢」に変わってきたのは江戸時代に入ってからで、十六・十七世紀ころになると市場経済の勃興によって、「だれもが生涯に一度は結婚するのが当たり前という生涯独身率の低い『皆婚社会』が成立した」といいます（鬼頭氏前掲書）。

「皆婚社会」になったといっても全員が結婚できたという意味ではありません。

鬼頭氏が「十七世紀から十八世紀にかけて、有配偶率がどのように変化したのか」を、信濃国湯舟沢村という農村の例で調べたところ、十七世紀末期になっても全世帯の三分の一が下人（隷属者）を抱えており、人口比では十三％を下人が占めていました。彼らの十六歳以上の既婚率（有配偶率と離死別を合算した率）は男は三十三％、女は三十一％に過ぎません。

下人以外の既婚率も、戸主の子や孫といった直系家族は六十一％（女は七十九％）ですが、戸主のオジや兄弟といった傍系家族では三十八％（女は五十三％）という少なさでした。

これが百年後の十八世紀末期になると、下人を持つ世帯は五％に、下人人口も七％まで減って、その既婚率も男六十七％、女七十一％まで増えます。ちなみに戸主の直系家族は七十七％（女は九十四％）、傍系家族は五十二％（女は六十八％）。下人の既婚率が大きく上がったのに対し、傍系家族の既婚率はさほど上がっていません。戸主と同居するオジやオバ、兄弟姉妹の地位がいかに低かったかが分かります。

都市部に限ってみれば、婚姻率は幕末になっても相変わらず低く、慶応年間（一八六五〜六八年）の江戸五ヶ町の有配偶率は男（十六〜六十歳）が五十％、女（二十一〜四十歳）が五十九％、幕末・明治初期の京都三ヶ町では同じく男四十三％、女六十％でした（鬼頭宏前掲書）。

幕末でも江戸の男性の半数、京の男性の六割近くが独身だったのです。

そうした人たちが年を取れば、当然「独居老人」になるわけで、現代特有に見える「独居老人」も、前近代では実は見馴れた存在だったのです。

鎌倉時代の『沙石集』の伝える半身不随となった僧侶が、通りかかる僧たちに、介護目当ての結婚を勧めた話も、この僧侶がもとは〝弟子門徒〟も〝数《かず》多かりし〟という、比較的地位のある裕福な出身だからこその発想でしょう。

「皆婚時代」といわれる十七世紀になってすら、下人や世帯で同居する戸主のオジや兄弟といった立場の人は、まだまだ既婚率の低かったことを思えば、ましてそれ以前は、結婚したくてもできないために、必然的に独居老人の道をたどる人は多かったのです。

彼らの暮らしは当然苦しかったでしょう。

昔話に子のない夫婦が多く、しかも子を授かって金持ちになったり、子を授からないまでも神仏や殿様の恵みで何不自由のない暮らしができるようになったという話が多いのはこうした背景があるのです。

昔話にはなぜ「独居爺さん」が多いのか
——わらしべ長者のルーツを探る

さて、ここで気になるのが既婚率の男女差です。

先に挙げた十七世紀から十九世紀の下人や農民、都市部の人々の全般で、女より男の既婚率（有配偶率と離死別を合算した率）は概して低いものでした。

鬼頭氏の調査した信濃国湯舟沢村の既婚率を見ても、十七世紀末期は、下人を含めた全世帯の十六歳以上の男全体の既婚率が五十四％であるのに対し、女全体の既婚率は六十八％。十八世紀末期の男全体の既婚率が七十％であるのに対し、女全体の既婚率は八十六％と、いずれも男のほうが低いのです。

「序章」で、柳田國男の『日本の昔話』百六話のうち人間を主体とした九十話中、老人が主人公であるのは二十八話と書きましたが、そのうち一人暮らしのお爺さんの話は四話（一人暮ら

し と明記されない単独爺も含めれば九話)。約十四・三% (同約三十二・一%) を占めています。

彼らはいずれも貧乏であるという設定で、有名な「はなたれ小僧様」のお爺さんもたった一人で山奥に暮らしていて、毎日、山で薪を切っては町へ持って行って売ることで「かすかな暮らし」を立てていました。ところがどうしても薪が売れないある日、疲れ果てたお爺さんが淵に薪を投げ込んだところ、淵の中から竜神様の使いである美女が現れ、薪のお礼に「はなたれ小僧様」をくれました。美女は、

「この小僧様に日に三度、海老の鱠《なます》をこしらえてお供えすれば、願いが叶う」

と言い、その通りにしたお爺さんは大金持ちになったのですが、海老の鱠を小僧様にお供えするのがおっくうになって、

「竜神様のもとへお帰り下さい」

と言った。言われた通り出て行った小僧様がすうっとハナをすすると、家も蔵も何もかも消えて、もとのあばら屋ばかりが残ったというお話です。

昔話にこの手の一人暮らしの貧しいお爺さんの話が多いのはそれらが作られ語られた時代背景……とくに男の独身率が高かったという……を反映しているのでしょう。

前近代のこうした男の結婚難、生活苦を背景に生まれたのが有名な「わらしべ長者」と私は考えます。

「わらしべ長者」は、観音様の夢のお告げで一筋の藁《わら》を手にした貧しい男が、藁をみかん、布、馬……と、それぞれの物を求める人と物々交換していって、しまいには家や田畑を手にする話です。

平安末期の『今昔物語集』巻第十六第二十八にほぼ同じ話が載っており、それによると主人公の男は、〝父母妻子〟はもちろん、知り合いもない身分の低い京の若侍でした。

そんな彼が長谷寺《はせでら》へ行き、

「私は貧しくて塵《ちり》一つの貯えもない。もしこのまま終わる運命なら、観音様の御前で餓死します。もし少しでもお恵みが頂けるなら、そのことを夢でお示し下さい。さもなければここを動きません」

と、観音の御前に寝転がります。これを見た寺の僧どもは、

「もしも彼が死んだら、寺に〝穢《けがれ》〟が出てしまう」

「この人は観音を〝恐喝《かこち》〟申し上げるだけで、まったく身寄りもないようだ。このままでは寺にとってえらいことになる」

と相談し、毎日のように男に食べ物を与えてやると、男はそのまま三週間も寺に居座って帰りません。

そうして三週間目の夜、男はこんな夢を見たのです。

観音の御前のとばりの中から僧が出てきて、

「お前が前世で犯した罪の報いもかえりみず、観音を責めるのは極めて不当なことだ。しかし可哀想だから、いささか物を授けよう。寺を出た時、何でもいい、はじめに手に触れた物を捨てずに、観音から頂いた物と思うがよい」

と言った。おそらくは男を持て余した僧のことばを、男は夢うつつに聞いて、観音のお告げと認識したのではないかと思うのですが……。男が言われた通りに寺を出たところ、門の所でつまずいて、起き上がると〝藁の筋〟を手に握っていました。

これを「観音が下さった物」と信じたところから男の幸運が始まり、藁一筋を〝大柑子《だいかむじ》〟（大きなみかん）三つ、さらにそれを布三段（三人前の着物の布）、さらにそれを死んだ馬と交換します。持ち主が「馬の皮だけでも剥ごうと思う」と言っていたのを、男は損を承知で布と引き替えにしたのです。そして、

「もし今までのことが観音のお恵みによるものならば、すぐにこの馬を生き返らせて下さい」

と、長谷寺に向かって祈ったところ、馬が生き返り、その馬を田んぼ一町（三千坪。約九千九百m^2）と米少々に交換します。

その田を他人に耕させ、収穫の半分を自分の取り分として暮らすうち、資産は増え、家など建てて豊かに暮らしたと話は結ばれます。

昔話では男は自分で田畑を耕すことになっていますが、原話とおぼしき『今昔物語集』の話では、小作人を雇って耕させ、収穫の半分も懐に入れるのですから、主人公は単なる正直者で

はなく、小ずるいまでに賢い男であったことが分かります。

そもそも男が藁を手にしたのは、寺の僧どもを半ば脅す形で三週間も居座ったあげくのこと。父母も妻子もない貧しい男でも、観音にもらった物がたった一筋の藁でも、知恵と信仰の力で、家土地を得ることができる。

大金持ちになったとか、美人妻と結婚したといった派手な結末でないところもリアリティがあって、この話には都会で一人暮らしをする平安時代の貧しい男の「現実」と「ささやかな夢」が、込められているのです。

第三章

家族の中の老人の孤独

「姥捨て山」説話と「舌切り雀」の真実

息子に山に捨てられる婆さんの話――老人遺棄は実際にあったか

子供のいない貧しい老人が昔話に多いのは、「皆婚社会」になったといわれる十六・十七世紀以降ですら独身率が高かった上、福祉の手薄な前近代、子孫のいない老人は助けてくれる者もないまま、働き続けなければならないという厳しい現実を反映していました（第二章）。

では、子供がいれば安泰かというと、むしろ子供や孫と暮らす老人のほうが心身共にきついものがあったことが、昔話はもちろん、現代の統計からもうかがえます。

『日本昔話通観』第四巻「宮城」に収録された「盲目の婆と風鈴」は、貧しい家族の中で、働き手となり得ぬ老人の悲惨な姿を伝えています。

以下、同書からその話をそのまま引用すると……。

「目の見えない婆が体についたしらみをかじっていると、嫁が『婆が餅米を盗んで噛《か》んでいる。山に捨ててくれ』と息子に告げ口をする。息子は婆を背負って山に捨てにいく。婆が山でしらみをかじっていると、風鈴を投げ捨てて逃げていく者がある。婆はその風鈴の音色を聞きながら、目が開いたらどんなによいだろうと思っていると目がぱっと開く。婆が『十七、八の嫁ごになりたい』と願いながら風鈴を振ると、若返って娘になり、りっぱな家にもらわれて婿を迎える。婆の家に、落ちぶれて箕《み》売りになった息子がやってきて、いろりに入って黒焦げになる。婆は息子の死体を大黒柱にはりつけ、これが今の竈《かまど》神となった」

息子がなぜいろりに入ったのかは不明ですが、この話には東北地方を中心にいろんなバージョンがあって、盲目の婆がしらみを噛んでいたのを「白米を噛んでいる」と告げ口されて、息子に棺桶に入れられ山で焼かれそうになったり、あるいは盲目でない婆が山で焼かれそうになったりさまざまです。いずれにしても、

「婆がしらみを取っていたら、嫁が『米を食べている』と夫に告げ口し、婆の息子である夫が婆を山へ捨てて焼き殺そうとするものの、婆は死なずに金持ちになって、それを知った婆の息子や嫁が婆の真似をして小屋に入って火をつけるなどして焼け死ぬ」

というストーリーになっており、嫁や息子が「焼け死ぬ」という落ちになるためには、息子がいろりに入る必要があったのでしょう。

この話はいわゆる「姥捨て山」説話と呼ばれる話の一つです。

老人が捨てられる昔話の量と種類は膨大なものがあって、捨てられる老人も婆に限らず爺だったり、捨てられる場所も海あり川あり、場合によっては孫が爺・婆を助けたり、息子が孝行者で親を捨てずに隠していたおかげで、その老人の知恵によって国を助けるというタイプもあります。

捨てられる理由も「そういう決まり」「殿様の命令」「食べ物がない」「飢饉になった」「年寄りは役に立たない」「年寄りは世話がかかる」「年寄りは薄汚い」「年寄りはこの世に必要ない」などさまざまで、それらの理由がミックスされていたり、とくに理由のない場合も少なくありません。「殿様が老人を嫌いだから」という理由もあります。

ある一定の年齢になった老人を捨てるという風習や、殿様の命令があるというタイプの場合、捨てられる年齢は六十歳、六十一歳、六十二歳、七十歳とまちまちですが、六十歳から六十二歳を「木の股年」と称し、木の股に挟んで捨てるという話も数多く見られます。

共通するのは、最終的には爺・婆は助かるという設定です。

「老人の知恵が国を助ける」というタイプの話は『枕草子』（一〇〇〇ころ）や『今昔物語集』（一一三〇前後）といった平安時代の古典文学にも見られ、さらにそれは『雑宝蔵経《ぞうほうぞうきょう》』（二世紀ころ成立、四七二漢訳）というインド発祥の経典が漢訳されて日本に伝来したのがルーツと考えられています。『大和物語』には、親代わりの伯母を捨てたものの、思い返して連れ戻した「姥捨」の話もあります。そうした古典文学の説話については第十一章で詳しく触れるとして。

問題はこうした老人遺棄の昔話が日本全国に数え切れないほど残っているということです。

これは何を意味するのでしょう。

一つには老親の問題、とりわけ介護の必要となった老親の処遇というのは多くの人が直面する課題で、非常に「共感性」の強いテーマであるということが考えられます。これについても第十一章で掘り下げます。

今、問題にしたいのは、実際に老人遺棄の風習があったか否か、ということです。

「序章　昔の老人の人生」で触れたように、無文字社会では、老人遺棄が行われていたという報告があり、一九四五年に出版された人類学者のシモンズの本によると、取り上げられた七十一社会のうち、老人遺棄に関して情報のある三十九社会中十八社会が老人遺棄を実施、とくに「定住していない採集民や狩猟民、また遊牧民に多く見られる」（青柳まちこ「老いの人類学」）といいます。

日本でもひょっとしたら縄文時代くらいまでさかのぼれば、こうしたことがあったのではないか？　という気もしますが、民俗学者の大島建彦によると、

「日本の国内の民俗としては、実際に老人を捨てる風があったことは確かめられていない」といい、「をばすて」は昔の墓所を意味する「をはつせ」からきているのではないかといいます。

昔の墓所は山中にもうけられることが多く、そこでは「死体の遺棄に近いこと」が行われていた。その墓所を「をはつせ」と呼んでいたところから「姥捨て山」の伝承につながったというのです（「姥捨ての伝承」）。

中には古典文学に見える棄老伝説が取り入れられた例もあったと私は思います。

それにしても、大島建彦が分析しただけでも五百六十八例にも及ぶ姥捨て山説話があって、長い年月、受け継がれ語り継がれてきたというのは、この説話がそれだけ昔の日本人にとって「現実味」があったからでしょう。

病人の穢れと貧困

拙著『本当はひどかった昔の日本』でも紹介しましたが、古代・中世の日本人は死の穢れを伝染するものとして恐れていたため、平安中期の『源氏物語』では、寺院の敷地内にいる瀕死の病人を、僧たちが外に捨てようとしていますし（「手習」巻）、平安末期の『今昔物語集』には、病んだ使用人を外に捨てて犬に食われる話や、重病の姉妹を鳥部野《とりべの》という墓地に捨てる受領《ずりょう》（地方官僚長官）も描かれています。

現実に病人が捨てられていた長い歴史があることは、江戸時代の徳川綱吉が、生類憐れみ令と呼ばれる一連の政策で、「捨て牛馬」や「捨て子」に加え、「捨て病人」を禁止していたことからも分かります。

逆にいうと、一六八七年に「捨て病人」の禁令が出されるまでは、病人を捨てても罪に問われなかったということです。

元気な老人を捨てることはなかったにしても、瀕死の老人を、山中の墓地に捨てるといったことは、現実にあったに違いありません。

姥捨て山伝説や昔話が全国に広がるのは、穢れ意識からくるこうした「病人遺棄」の現実に加え、もう一つ、「極端な貧しさ」と「慢性的な食料不足」という現実が背景にあったからでしょう。

有史以来、日本はたびたび飢饉に襲われており、文献に記録をとどめた凶作や飢饉は、古代から江戸時代までに「約三年に一度の割合」（菊池勇夫『飢饉』）というほど頻繁なものでした。

縄文時代までさかのぼって推測せずとも、つい二百年前の天明の大飢饉下の東北地方では、子に捨てられて餓死した親も現実にいたし、それどころか、死にそうな息子を食べようとして、隣家の男に「殺してくれたら肉を半分やる」と言って殺させた上、その隣家の男まで殺してしまい、二人分の肉を手に入れて塩漬けにした父親もいました（橘南谿『東遊記　補遺』）。

「私の母が餓死したら差し上げますから」と、餓死者の肉を求める者もおり、

〝親は子が死せば食はん事を思ひ、子も又た親の肉を食んとす〟

というような極限状態が繰り広げられていたのです（高山彦九郎『北行日記』）。

天明の大飢饉は一七八二年から八七年とされますが、最も悲惨だったのは〝卯辰年〟と呼ばれる一七八三年と八四年。

『東遊記　補遺』は一七八六年、『北行日記』は一七九〇年という、飢饉の爪痕の生々しい時分に、それぞれ著者が東北に入って実際に聞き書きした現実の話なのです。

先に触れたように、昔話の「姥捨て山」説話でも、老人が捨てられる理由の一つに「飢饉になった」というものがあり、飢饉という極限状態が、老親を捨てるという行動に結びついていました。紹介した宮城県の「盲目の婆と風鈴」の話には「飢饉」ということばこそありませんが、婆は自分のしらみをかじっており、不潔で飢えた状態に置かれていることが分かる上、それを「餅米（白米）を盗んで嚙んでいる」と見なし、「だから捨てよう」という発想につながるところが、凄まじいまでの貧しさと食料不足を物語っています。

同時に、前近代の家族の中での老人の地位の低さを浮き彫りにしています。

貧しい家で、働きもしない老人が、米を食べるというのは「罪」だったのです。

「働かざる者食うべからず」ということわざに見える理屈がそこにはありますが、思えばこのことわざはなんと弱者に冷たいことばでしょう。

こうしたことわざや、現代人から見れば「犯罪」であり「老人虐待」以外の何物でもない姥捨て山の話が受け入れられたのは、その話が流布した当時の日本の庶民が貧しく、家族の中の老人が「みじめな立場」「低い地位」にあったからにほかなりません。

婆の息子が、嫁の「告げ口」に対して、母親（婆）をかばうどころか、唯々諾々《いいだくだく》と従う姿からも、日ごろから嫁と息子が結託して婆をないがしろにしている様が透けて見え、婆の孤立がうかがえます。

「舌切り雀」の原話の二人の老女がたどった運命

有名な「舌切り雀」も、家族の中の老人のつらい立場の物語としても読めます。

鎌倉時代の説話集『宇治拾遺物語』（十三世紀前半）巻第三ノ十六「雀報恩事《すずめほうおんのこと》」は、「舌切り雀」の源流ともいえる物語ですが、意地悪なお婆さんと優しいお爺さんが主人公の「舌切り雀」と違って、「雀報恩事」は二人の老女の話です。

二人は隣同士で、共に子や孫と同居しており、揃って家族に小馬鹿にされています。

悪ガキどもに石を投げられ腰の折れた雀を、主人公の〝六十ばかりの女〟が介抱していると、子供や孫は、

「お婆さんはもうろくして雀を飼っていなさる」

と言って〝憎み笑〟い、彼女がちょっと出かける時など、雀の世話を頼もうものなら、

「ああなんで雀なんか飼うの」

と〝憎み笑〟います。雀がお礼に空から落としてくれた〝瓢《ひさご》の種〟（夕顔、ひょうたん類の種）を持ち帰れば、

「まぁ大変。雀の物をもらって宝にしている」

と、またまた〝笑〟う。ところがその種がおいしい実をつけると、

〝笑ひし子孫《こまご》もこれを明け暮れ食ひて〟、

残る実から食べども尽きぬ〝白米〟が出て金持ちになると、隣村の人まで驚いて、大したものだと〝羨《うらや》み〟ます。

主人公の六十女は外出もするくらいなのでまだまだ元気なはずなのに、家族に持て余されて居場所のない状態です。それが雀に親切にしたおかげで（それも孤独感からくるものだったかもしれません）金持ちになったからいいようなものの、悲惨なのは隣の女です。

彼女は子供に、

「同じ年寄りでも、お隣さんはあんななのに、こちらは大したこともおできにならぬ」（〝同じ事なれど、人はかくこそあれ。はかばかしき事もえし出《い》で給はぬ〟）

と嫌味を言われたために、隣に行って金持ちになったいきさつを尋ねます。ところが主人公のお婆さんはそう簡単に金持ちになった方法を教えない。しつこく尋ねて、やっと事情を聞き出した隣の女は、

「その雀のくれた瓢の種をたった一つでいいからください」

と言いますが、主人公の六十女は、

「米などはあげられますが、種はだめです。よそに散らすわけにはいきません」

と言って分けてくれません。主人公のお婆さんは決してお人好しなわけではないのです。

それで仕方なしに隣の女は腰の折れた雀を見つけようとしますが見つからないので、故意に雀をつかまえ腰を折ります。それも、

「一羽だけでもあんなに得をしたのだ。ましてたくさんいればどんなに金持ちになるだろう」

と、三羽の雀の腰を折ります。雀の舌を抜くお伽話と違って、こちらの話では雀の腰を折るわけですが、それもひとえに、

〝あの隣の女（主人公の六十女）にはまさりて、子どもにほめられん〟

という一心からでした。

やがて腰の治った三羽の雀が瓢の種を持ってくると、女は満面の笑みで、

「大したこともできないと言ったが、私は隣の女より優れているだろう」（〝はかばかしき事し出《い》でずといひしかど、我は隣の女にはまさりなん〟）

と子供に言います。

が、当然のように雀らがくれた種の実は吐いて寝込むほどの苦さで、残りの実からはたくさんの〝毒虫ども〟が出てきて、子供をも刺した上、当の女のことは刺し殺してしまったのでした。

三世代同居の老人ほど自殺しやすい

この話には、鎌倉初期の庶民階級の老人の地位の低さが表れています。生活は子供が見ているのでしょうが、子供の世話になっているだけに、むしろ老夫婦や独居老人よりも、精神的にはつらいでしょう。

一八七八年、来日したイギリス人女性イザベラ・バードは、会津（福島県）の村で、「年配の男性が貧しくて大家族を養えず、首を吊った」（『イザベラ・バードの日本紀行』第十六信）という話を聞き、その話をしたおかみさんと、ガイド役の「伊藤」から聞いたと前置きして、「若い家族がいて、自分は年をとったり弱ったりして働けなくなった者が自殺する話はよくあるとのことです」と書き記しています。

現代の統計でも、福島県のホームページによると、福島の平成十四（二〇〇二）年の自殺者の四割が老人で、その「ほとんどが家族と同居して」おり、「一人暮らしの老人の自殺者は全体の5％以下に過ぎません」といいます。

この統計の分析によれば、「お年寄りの自殺者の多くが生前家族に『長く生きすぎた』、『迷惑をかけたくない』ともらしていました。お年寄りは病気がちになったり、体力が低下したり、物忘れが多くなることで心身両面の衰えを自覚し、同居する家族に看護や介護の負担をかけることへの遠慮が生じると考えられます」とのこと。

検死医の上野正彦も、昭和五十一年から五十三年の三年間の老人の自殺の統計をまとめた際、「意外だったのは、自殺に追い込まれた老人の家庭環境別の比較である」といい、最も少なかったのは独居老人、逆に最も多かったのが、

「三世代同居の老人で、全体の六〇パーセント強を占めていた」

といいます。この「意外」な結果を上野氏は、

「当時は、先入観として、家族と同居の老人こそが最も幸せと考えていたが、必ずしもそうではなかった。むしろ同居の中で、信頼する身内から理解されず、冷たく疎外されているわびしさこそが、老人にとって耐えられない孤独だった。これが一番の自殺動機になっていたことを見逃すことはできない」

と分析しています（『自殺死体の叫び』）。

「雀報恩事」の老女たちはもちろん、姥捨て山説話の老人の置かれた境遇と重なるではありませんか。

第四章　古典文学の中の「婚活じじい」と「零落ばばあ」

平安・鎌倉期の結婚事情

昔話に多い独身爺さん

昔話に、一人暮らしの老人……とりわけ一人暮らしのお爺さんが多いのは、前近代の既婚率の低さや、とくに男性の独身率の高さという実態が影響していると私は考えました（第二章）。前近代は一夫多妻だったため、どうしても男があぶれるという事情もあったでしょう。

「浦島太郎」や「ものくさ太郎」も独身男の話です。

面白いのは香川県に伝わる昔話の「浦島太郎」で、漁師をしていた彼は八十の老母と二人暮らし。四十歳になってもまだ独り身のままで、しかもその年は北風が毎日吹いて漁にも行けず、母を養うこともできない。かろうじて晴れた日に釣りに行くと、魚は捕れずに亀が釣れたので逃がしてやった。すると龍宮の乙姫様から迎えが来て、三年過ごして帰郷すると、知る人もなく、老母もとうの昔に死んでいた。思案に暮れた浦島が、乙姫様からもらった三重ねの玉手箱を開けたところ、一つ目の箱には鶴の羽があり、二つ目の箱を開けると白い煙が出て「爺」になった。三つ目の箱を開けると鏡が入っていたので、それで爺になったことを知り、「不思議なものだ」と見ていると、最初の箱にあった羽が背中にくっついてしまう。そこで飛び上がって母の墓のまわりを飛んでいると、乙姫が亀になって浦島を見に来た。鶴と亀が舞うという伊勢音頭はそこからきたという話です（『日本昔話通観』第二十一巻「徳島・香川」）。

三重ねの玉手箱というのも珍しく、なにやら物悲しい話ですが、八十の老母と暮らす四十の独身男が結婚もせぬまま爺になってしまうとは、現代人の話のようでありながら、実は、第二章で見たように、前近代にありがちな現実を反映しているのです。

平安中期以降、「独身落ちぶれ女子」が急増

一方、それとは別に、平安中期から鎌倉時代にかけて、母方の親族同士が助け合う母系的な社会が崩れつつあるのに、新婚家庭の経済は「妻方で担う」という母系社会的な習慣が残っているため、貧しさゆえに結婚できない女や、たとえ結婚しても貧しさゆえに夫に捨てられる女が急増し、「独り身女の惨めな老後」を描く文芸が集中的に作られた時期がありました。

代表的なのが、絶世の美女小野小町が落ちぶれたという伝説で、多くの零落小町物が物語や

謡曲で作られました。

『玉造小町子壮衰書《たまつくりこまちしそうすいしょ》』（平安中期～末期）という漢詩もその一つで、これは本文を読めば分かるのですが、小野小町とは別人の、遊女の長者の家に生まれた美人が零落した話です。

遊女の長者とは、遊女を束ね、自身も遊女である女主人のこと。平安・鎌倉時代の遊女は江戸時代などと比べると格段に地位が高く、藤原道長の愛人の小観音《こかんのん》や、後鳥羽院の愛人の亀菊《かめぎく》など、貴人の愛妾となる者も多く、広大な所領を持つ資産家も少なくありません。木曾義仲や、源義朝《よしとも》の子で鎮西八郎として名高い源為朝《ためとも》、源頼朝の異母弟の源頼範《よりのり》の母も遊女です。

そんな遊女の元締めの家に生まれた玉造小町は、若いころは日がな、〝白粉《はくふん》〟や〝丹朱《たんしゅ》〟を顔に絶やさず、美容に明け暮れる優雅な日々を送っていました。高貴な人から求婚されても、両親や兄弟が許さないでいるうちに、二十三歳になるまでに立て続けに親族に先立たれ、召使も逃げ出して、痩せさらばえて〝老衰〟する……そんな〝女〟を哀れんで作ったという設定の漢詩で、要するに、

「婚期をのがして零落した女」

のことが歌われているのですが……。

平安中期、藤原道長が正妻の源倫子と結婚した時、倫子は道長より二歳年上の二十四歳でした。まして二十三歳なら当時もまだまだ結婚適齢期です。この漢詩の女性は、

「年齢的な婚期をのがした」わけではなく、

「（両親が生きているうちに結婚しなかったという）状況的な婚期をのがした」

　つまり、

「貧乏になったので、求婚者がいなくなってしまった」

のです。

『うつほ物語』（平安中期）には、

「今の世の男は、まず女と結婚しようとする際、とにもかくにも両親は揃っているか、家土地はあるか、洗濯や繕《つくろ》いをしてくれるか、供の者に物をくれ、馬や牛は飼っているかと尋ねる。顔形が美しく、上品で聡明な女でも、荒れた所にひっそりと住まいを構え、寂しげに暮らしている様子を見ると、ああむさくるしい、自分の負担や苦労のもとになるのではとあわてふためいて、〝あたりの土〟すら踏まない」（「嵯峨の院」巻）

というくだりがあることからも分かるように、家庭の経済は妻方が担っていた平安時代、貧しい女はまともな結婚ができませんでした。

『玉造小町子壮衰書』の小町が結婚できなかったのはこうした理由からなのですが、もう一つ、「美人なんだし、せっかくたくさん男が言い寄って、結婚しようと思えばできたのに、男を選り好みするから、こういうことになるのだ」

という、「男に反抗的な女」への見せしめ的な効果を狙ったという意図もあるでしょう。

　その後、続々と作られる零落小町の話がまさにこれで、『古事談』（一二一五以前）には、小野小町の髑髏《どくろ》の話（巻第二の二十七）と共に、清少納言が落ちぶれて〝鬼〟のような尼姿になっていたという話（巻第二の五十五）、清少納言が〝法師〟と間違えられて殺されそうになったので〝開《つび》〟（女性器）を出して〝尼〟であることを証明した話（巻第二の五十七）もあり、子供も複数いたことが分かっている清少納言までがターゲットになっています。

平安初期から中期、特定の男と家庭を築くことなく、男をものともしない態度で生きていた女。そんな女たちを狙い撃ちするように、平安末期から鎌倉時代にかけて「零落」伝説が作られたのです。

それもことさら老いさらばえた姿にされて、場合によっては髑髏にされて、屈辱的に語られていたのですが、その背景には実際に平安中期以降、独身女性や離婚女性の零落が増えていたという現実があります。

『栄花《えいが》物語』（十一世紀）には、内大臣や関白の姫君、内親王さえ親を亡くして人に仕える身となったり（巻第八、巻第十四、巻第三十六）、『大鏡』（平安後期）には三条帝の皇后娍子の妹で、親王妃だった女性がのちに落ちぶれて、夜、歩いて道長のもとに行って、所領を回復してもらうよう訴えたという記事もあります。

こうした現実を反映しているにしても、零落した姿をあえて「老女」、それも「醜い老女」にしているのは、語り手の「男に反抗的な女」に対する「悪意」と共に、老女のマイナスイメージを物語ります。

老いに貧乏が加わると、とりわけみじめな暮らしになるのは、福祉が発達していない昔は現代以上でした。

とくに子や孫のいない老人はなおさらだからこそ、昔話には、貧しい老夫婦が神仏の助けや知恵で豊かになる「屁ひり爺」や「笠地蔵」「花咲か爺」といった話が多いことは第二章で触れた通りです。

平安ビンボー女子たちの婚活物語

母方の結束が薄れながらも、妻方に経済力が要求されていた平安中期以降、貧しい女にとって、金持ちで将来性のある誠実な男と結婚することは、文字通り「悲願」になっていたようで、『今昔物語集』（一一三〇前後）には、そうした貧しい独身女性が観音に祈って結婚相手を見つける、いわゆる「婚活」の物語がたくさん描かれています。

巻第十六第七の話もその一つで、越前国の敦賀《つるが》の女は、財産らしいものもないものの、両親に可愛がられて育ち、婿も取りましたが、何度結婚させても夫は娘のもとを去ってしまいます。やがて両親は相次いで死去、わずかな貯えもなくなって、使用人も残らず去ってしまいました。

一人ぼっちになった女は衣食にも事欠いて、飢えた時は、父が生前、家の後ろに建ててくれた観音堂に、

〝我を助け給へ〟

と祈っていたところ、夢に〝老《おい》たる僧〟が現れ（第十三章で触れるように、こういう時助けてくれる神仏の化身はたいてい老人です）、

「そなたがあまりに可哀想なので、夫を授けてやろうと呼びにやったから、明日ここに来るはずだ。そうしたらその者の言う通りにするがよい」

と言う。女が身を清め、広い家を掃除して待っていると、果たして夕方、たくさんの馬音がします。彼女の家に宿を取ろうとしているようで、主人を見ると、三十歳ほどの好男子。従者や下男など、七、八十人もの召使を従えています。その主人が夜、

「ここにおいでの方とお話しがしたい」

と、女の寝所に侵入。女は観音の夢のことがあるので、男のなすがままになりました。

実はこの男は、美濃国の権勢も財力もある豪族の一人息子でしたが、親が死んで莫大な財産を相続し、しかも深く愛していた妻に死に別れ、「婿になってほしい」と引く手あまただったのを、

「妻に似た人でないと」

と思って、独身でいたのです。

ところが若狭に行く途中、借りた宿の女が妻に生き写しだったので、

「早く日が暮れてほしい。近くに寄って顔を見たい」

と夜を待って女に近づいたところ、喋る様子も姿もすべて妻と少しも違うところがなかったため、〝喜び乍《なが》ら〟深い契りを結んだのでした。

その上で、男は女に着物を与え、召使を二十人ほどそこに残して、目的地の若狭へ向かいました。が、女の家にはその二十人に食べさせる食事も、馬のエサもありません。

女が途方に暮れていたところ、以前、彼女の親が使っていた女の、娘と称する者が突然現れ、都合の良いことに二十人分の食事と、翌日に若狭から戻ってくる男や残りの召使のための食料も用意してくれたのです。

こうして滞りなく男と供の者をもてなすことができた女は、与えるものとてないので、自分は男の脱いでおいた白袴をはき、助けてくれた女に自分の紅の袴を与えました。

しかるに翌朝、家の後ろの観音を見ると、この紅の袴が肩に掛かっている。

「さては手伝ってくれた女と思っていたのは、観音が身を変えて助けてくださったのだ」

と分かると女は涙を流し、男にもいきさつを話すと彼も一緒に泣いて、二人は美濃の男の家で仲睦まじく暮らし、子供もたくさん生まれ、敦賀にもしじゅう行っては心をこめて観音にお仕えしたのでした。

この話からは、いろんなことが分かります。

親が揃っていて、たとえ結婚できても、財産のない女のもとには婿は居着かないこと。

これは女にとって非常に疲れることで、誠実さのない男と結婚した場合、男が飽きるなり女が年を取るなりして捨てられれば、女はいつまで経っても婚活を続けなくてはいけないことになります。

また、新婚家庭の経済は妻方でもつのが当たり前の当時、夫のお供の世話をするのは妻の当然の役目だったので、優しい美濃の男も、女の着物の用意はしても、自分や召使の食料のことまで頭が回らなかったこと。

儒教思想の普及していない当時、家に財産がなくなると、使用人は辞めてしまうのが常だったこと。『源氏物語』でも、貧しい末摘花を乳母子《めのとご》までが最後には見捨てています（「蓬生」巻）。

さらに、こうした貧しい女を助ける公的な制度もないので、できることといったら仏に祈ることくらいしかなかったことがうかがえます。

『今昔物語集』には、第二章で触れた「わらしべ長者」の原話のように、男が長谷観音に祈って富を得る話もありますが、圧倒的に貧女の話が多いのは、平安末期の当時、それだけ「零落女子」ともいうべき存在が多かったことの反映でしょう。先の敦賀の女の話のあとも、貧女が観音に祈って、誠実な夫や銭を得る話が続きます。以下、紹介すると……。

大和国の郡司《ぐんじ》（地方官。地元の有力者が任命される）の娘が両親をなくし、使用人も逃げ、田畑もすべて人に横取りされて途方に暮れていたところ、観音に祈って三十歳ほどの金持ちで容姿が良くて心優しく正直な男（妻とは死別）と巡り逢い、男をもてなす食事や食器も観音の力で得て、結婚にこぎ着けた話（巻第十六第八）。

両親もない〝極《きはめ》て貧しき〟京の美女が、清水寺の観音に祈ったところ、観音の化身である〝嫗《おうな》〟（老婆）の力添えで国守《こくしゅ》（中央から派遣される地方官の長官）の息子と結婚できた話（巻第十六第九）。

九人の子をもつ奈良の〝貧女《まづしきをむな》〟が、妹に化けた観音から寺の修理用の〝銭百貫〟を施してもらった話（巻第十六第十）。

京の〝極て貧《まづし》き女〟が清水寺の観音に祈ると、夢で〝御帳《みちやう》〟（カーテンのようなもの）の垂れ絹を授けられたので、着物に仕立てて着たところ、〝男にも女にも〟愛された。こうして人の好意によって金持ちになった女は結婚もでき、何不自由ない暮らしを送った話（巻第十六第三十）。

同じく京の〝極て貧き女〟が、決まった夫もない状態で妊娠し、生み場所に困っていたところ、清水寺の観音の力で〝金《こがね》三両〟を得て、出産のための家も買え、何不自由ない暮らしができた話（巻第十六第三十一）などなど。

と、挙げればきりがありませんが、このへんにくると、問題は「夫」の有無より、結局「金」であることが明らかになってきます。

よほど誠実な男ならともかく、結婚できても親や資産がなければ男に逃げられかねないからです。

介護目当ての婚活ジジイ、財産目当ての婚活ババア

『今昔物語集』の話からはまた、当時の夫婦のきずなが非常にゆるかったこと、離婚が多かったことも浮き彫りになります。

これは前近代を通じての特徴のようで、三日通えば結婚成立、半年男が来なければ離婚成立し、他の男を通わせていた平安時代に離婚再婚が多いのはもちろん、江戸時代の武士の離婚率は極めて高く、「大名百家・旗本百家」全体の離婚率は十一・二三％、再婚率も五十八・六五％という驚異的な数字でした（高木侃『三くだり半と縁切寺』）。

庶民の数字は不明ですが、全国規模の統計が始まる明治初期、一八八三（明治十六）年の人口千人当たりの離婚率は三・三九。

厚生労働省の「平成26年（２０１４）人口動態統計の年間推計」によれば、平成二十六年の推定離婚率は一・七七（人口千対）ですから、江戸時代や明治初期と比べると、ずいぶん低下したといえます。

平安時代にしても江戸時代にしても、昔は結婚しても長続きするとは限らなかったわけで、だから古典文学には相当の老齢になっても結婚相手を探す「婚活老人」が描かれることも少な

くありません。

御伽草子の『およう《ママ》の尼』（室町末期〜江戸初期）も、その一つに数えられるでしょう。

都は白川のほとりに老法師が細ぼそと暮らしていました。

そこへ、頭に袋を担いだ〝年寄りたる尼〟の物売りが、

「お入り用の物、〝御用《おょう》〟はありませんか」

とやって来る。その姿を見た老法師が、

「そんなにお年を召してさぞ苦しいことでしょう。茶でも飲んで静かに休んで行きなされ」

と言うと、〝御《お》よう〟が言うには、自分は宿も定めず、御所から女郎屋まで立ち入って、使い古しを良い品と取り替えたり、女の斡旋《あっせん》もするると主張します。

　そうなると老法師、

　〝心もそぞろ〟

になって、

「情け深い方に一度逢わせてくださらないか」

と、なる。すると〝御よう〟は、

「見れば、お年もひどくお召しだし、さぞ夜もお寂しいでしょう。若い身の上ですら何が起きるか分からないのが世の習い、病気になることもございますよね。まして、この年になれば、いつ、どんな風邪を引くかも知れず、その時、誰が世話してくれましょう。湯水も安心して召

し上がってこそ、往生も見事にできましょうに」

と、介護をちらつかせながら、伴侶の必要性を説きます。

「しかるべきお方を探して、お召し物を縫ったり、ご病気の際にもお腰を気楽に揉ませたりなさいませ」

という〝御よう〟のことばに、ますますその気になってきた老法師は、

「どうなりともお頼み申します。お骨折りながら、早々に探してくださいませ」

と、〝御よう〟に女の斡旋を依頼します。
四、五日後、再び〝御よう〟が来て言うには、
「お坊さんに〝少し似合ひ〟と思う相手は、見た目が悪かったり、御目などがただれていたり、お年も召して、御口も少しゆがんでいるようなお方でないと、いらっしゃいません」

落胆した老法師が、

「もう見た目も年も問いません。私に〝似合ひ〟であれば」

と、恨めしげに言うと、

「格好の尼君がひとりいる」

「お年は」

「さぁ。お坊さんは」

「四十足らずです。苦労が多いので、ぱっと見には五、六十以上にも見えましょうが」

「私も三十ちょい過ぎです。十ていどの年の差なら、お似合いの方もよく分かるでしょうし、できる限りお探し致しましょう」

という老人同士のとぼけたやりとりが……。

こうして五、六十日経って、老法師が待ちくたびれたころ、やっと〝御よう〟が来て言うには、身寄りのない尼が誘いに乗ってきたものの、

「今どきの人のお心は変わりやすいので、馴れ染めたら心変わりしないと誓ってくだされば、仰せに従います、と、お相手の方がおっしゃっていたので、こうして参ったのです」

老法師が、

〝やすき御事〟

と言って愛のことばを誓うと、二、三日後、〝御よう〟が当の相手を連れて来たと言う。

そして老法師にしこたま酒を飲ませた〝御よう〟と入れ替わりに、頭に白い物をかぶった尼が来ます。

かくして二人は共寝して、〝むつごと〟もまだ尽きぬうち、朝になって、老法師が隣を見ると、

〝七十ばかりの古尼《ふるあま》の、顔には皺《しは》を畳み寄せ、口には生《お》ひたる歯、一つもなし〟

という老婆がいる。

着衣をととのえる姿を見れば、〝御よう〟その人ではありませんか。

「およ《ママ》うのあま絵巻」（サントリー美術館蔵）

約束通り「女」を連れて来たと称する老尼およう、「こんなに明るくては相手が恥ずかしがります」と灯火を落とさせ、老僧にしこたま酒を勧めて帰って行く。入れ替わりになにやら白い物をかぶった「女」が登場。老僧は女の手を取って中に導き入れるのだが……。

「あなたに〝似つかはしき人〟はまったくおいでにならないし、仰せもさすがに背きがたいしで、ではどうすればと考えた末、私が出てきたのです」

「私とあなたは年も〝一つ〟と違わない。まことに似合いの仲ではありませんか」

「私の破れ小袖等々と、お坊さんの割れ茶碗等々を合わせて使えば何の不足がありましょう。

廊下の隅の柱さえ、馴れれば名残惜しいものとか」

　そんな〝御よう〟のセリフで物語は締めくくられます。


　老法師の心に芽生えた色欲につけこんでの、割れ鍋に綴じ蓋的な結末……。

『およう の尼』は破戒僧尼の話として有名ですが、私は、当時の独身老齢者の婚活話としても読めると思います。

〝七十ばかり〟の高齢でも行商をせねばならない〝御ようの尼〟は、老法師のみすぼらしい家やわずかな財産が目当て。

「一人では寂しいでしょう」「女が欲しいでしょう」と、老法師の欲望を刺激した上で、

「病気になったら介護が必要でしょう」

と、老法師が最も気にしているはずの介護問題に踏み込んで、アプローチする。

　この話から分かるのは、『およう の尼』が書かれた室町末期～江戸初期にかけての独居老人は、女だけでなく、男も婚活の必要性が高まってきていたということ。

「介護目当ての結婚」という、若い時分にはなかったテーマが浮上してくる点に注目です。

介護目的で三、四十年下の尼と同棲した爺の末路

第一章で触れた『沙石集』（一二八三）の〝中風《ちうぶ》〟（脳卒中による半身不随）の僧侶は、たくさんいた門徒や弟子にも見放され、物乞いとなり、道行く僧侶に、

「妻子がいればここまで情けない目にあうことはあるまい。少しでも若いうちに結婚なさい。結婚生活も長年になれば〝夫婦の情け〟も深くなるだろう」

だから、病気になっても見捨てられることはあるまい、と説いたものです（巻第四の四）。

つまり将来の病気や老後の介護を見越しての結婚を勧めていました。

『沙石集』にはほかにもこうした介護目当ての結婚話があって、坂東のある山里にいた上人は年を取るまで独身でしたが、七十歳になると、語り手のことばによれば、

「一方では〝看病〟（介護）もさせようと目論んだのか」（巻第四の六）

三十（本によっては四十）歳ばかりの尼を口説いて同居します。

この上人は性欲を覚えると、

〝すはすは煩悩の起こりたは〟

と、セックスの準備のために、尼に行水の湯を沸かさせるものの、湯が沸くころには、老齢の

悲しさ、

〝早、煩悩は冷めむたり〟

萎えるという繰り返し。

常にそんな具合なので尼は〝腹立たしく〟なって、老僧の世話は真面目にせず、若い修行僧を通わせたあげく、老僧を殺そうと謀ります。

老僧の住居と財産を奪って、若い男と一緒に住もうと目論んだのです。

老僧は老いた身の悲しさ、〝力〟も尼のほうが強かったので、危うく殺されかけます。

その悲鳴を聞いて駆けつけた人の助けで事無きを得ましたが、尼は出家者ということで、土地を追われるだけという軽い罰で済みました。

『沙石集』にはほかにも、〝中風《ちうぶ》〟になり、〝弟子共も看病し疲れて〟しまいには見捨てられてしまった山寺の長官が、かつて関係を結んだ女の生んだ娘に助けられた話（巻第四の三）もあります。

これらの話から、介護は弟子や妻、娘が担っていたことが分かりますが、介護放棄もあったことや、男は介護目当て、女は財産目当てで、うまくいけばいいものの、そうもいかなかった現実を、物語っています。

第五章

昔話に隠された性

「浦島太郎」が竜宮城に行った本当の理由

第四章では鎌倉時代の『沙石集』(一二八三)や、御伽草子の『おようの尼』(室町末期~江戸初期)といった、いずれも七十過ぎの老人による介護目当ての同棲・結婚の物語を紹介しました。「シニアの婚活」などといわれ、六十代以上の出会い系パーティなども開催されている超高齢化社会の現代日本を先取りするような話ではありますが、古典文学では「老いらくの恋」も、次章で見るように『万葉集』(八世紀後半)の昔から重要テーマとして語られています。

そもそも性愛は、イザナキ・イザナミという夫婦神のセックスによって日本国土と神々が生まれたとする『古事記』(七一二)『日本書紀』(七二〇)の昔から、日本の古典文学の大動脈。

主人公の光源氏が父帝の后を犯して不義の子を生ませ、光源氏の晩年の正妻がこれまた不義の子を生むという、いわば不倫文学である『源氏物語』(一〇〇八ころ)が古典文学の最高峰としてもてはやされ、弥次さん喜多さんというゲイ・カップルによる下ネタ・セクハラ満載の旅行文学『東海道中膝栗毛』（一八〇二〜一八一四）が前近代を通じて最大のベストセラーとなる国が日本なのです。

「浦島太郎」「かぐや姫」「一寸法師」「桃太郎」「因幡《いなば》の白ウサギ」「海幸山幸」といった有名昔話も例外ではありません。

今の私たちの知っているそれらの昔話には、多くの男たちに求婚された「かぐや姫」や、おしまいに姫と結婚することになる「一寸法師」に「性の香り」が漂うだけですが、実はそれらの源流ともいえる古典文学を探ると、これらすべての話の力点は「性愛」にあることが分かるのです。

「浦島太郎」の原話の主眼は、性

「因幡の白ウサギ」と「海幸山幸」は、日本最古の文学であり歴史書でもある『古事記』に源流があります。

『古事記』の「因幡の白ウサギ」は、因幡のヤカミヒメに求婚に行く兄弟たちの荷物持ちとして従っていたオホクニヌシノ神（大国主神）が、助けたウサギの祝福を得てヤカミヒメを射止める話です。

また「海幸山幸」は、兄の釣り針をなくした弟が海神の姫と結婚、妻方の協力で釣り針を得たあげく、兄を制圧し、天皇家の先祖となる話です。

「一寸法師」は昔話でも姫君と結婚するという結末ですが、御伽草子（南北朝・室町時代〜江戸初期）の同名の話では、一寸法師はより積極的に「何とかして策を巡らし、自分の妻にしたいものだ」とたくらんだ末、姫君の口のまわりに米粒をつけ、盗み食いの罪をなすりつけることで、姫君がその父親と継母に追放されるよう仕向けます。こうして当てもなく船に乗った二人が、流された島で二人の鬼に出会い、姫君をかどわかそうとした鬼たちを一寸法師が退治して、鬼から奪った打ち出の小槌で背を高くして姫君と結婚。出世して子孫も栄えたという筋書きです。

ついでに言うと一寸法師が都に出たのも、昔話では「出世したい」とか「仕事したい」といった前向きな動機でしたが、御伽草子のほうは、いつまで経っても大きくならない一寸法師を、爺と婆が〝化物風情〟と厄介者扱いしていた。それを知った一寸法師が、婆に針と椀と箸をもらって家出同然に出て行ったという設定です。古典文学には、昔話から抜け落ちた「主人公の性の欲望」だけでなく、「主人公のずるさ」や「老夫婦の薄情さ」といった「毒」が詰まっているわけです。

桃から生まれたとされる「桃太郎」の発生時期は不明ですが、滝沢（曲亭）馬琴の『燕石雑《えんせきざっ》志《し》』（一八一一）は、桃から男子が生まれる話のほか、老婆が持ち帰った〝桃の実二ッ〟を夫婦で食べたところ若返り、妻は一夜で妊娠、男子が生まれたというバージョンも伝えています。

このバージョンは江戸後期は主流だったのか、山東京伝の『昔々桃太郎発端話説《ほったんばなし》』（一七九二）

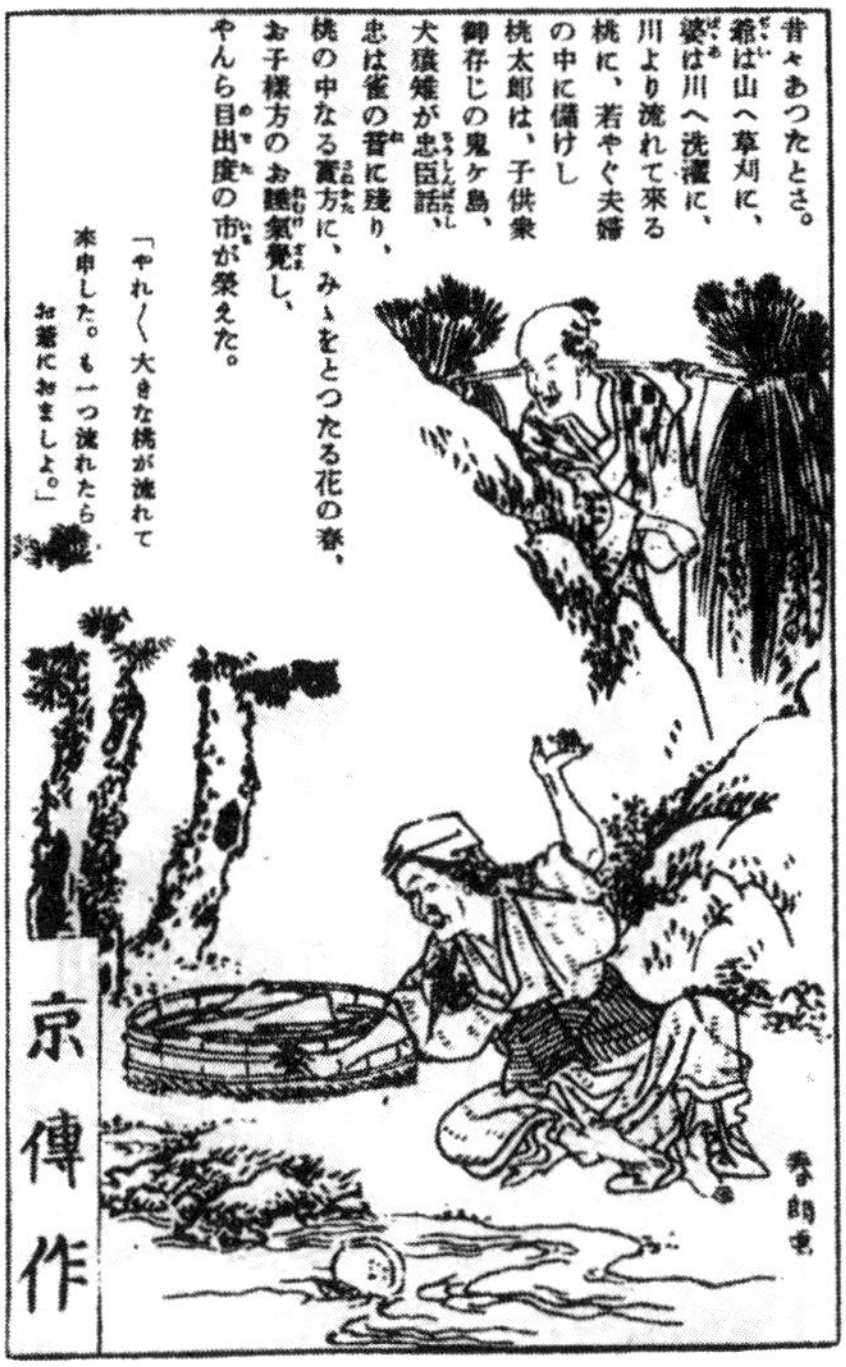

山東京伝作、勝春朗画
「昔々桃太郎発端話説」
（国立国会図書館デジタルコレクション）

タイトル通り桃太郎誕生前の物語だが、中身は桃太郎ならぬ「舌切り雀」を骨子としたパロディ本。図は物語の最終ページ。〝若やぐ夫婦の中に儲けし桃太郎〟とあり、桃太郎は桃から生まれるのではなく、桃を食べて若返った老夫婦から生まれた設定となっている。

でも桃により〝若やぐ〟老夫婦が桃太郎をもうけたとしています（89ページの挿絵参照）。

極めつけは「浦島太郎」です。亀を助けた浦島太郎が、竜宮城で歌や踊りやご馳走を楽しみ、三年後、乙姫様に「開けてはダメ」と渡された玉手箱を故郷で開けてしまい、白髪のお爺さんになってしまったという、今では色気も何もない話になっているのですが……。

「浦島太郎」の源流である『丹後国風土記』（七一三以後）逸文（本文は散逸したが、他本に引用として残るもの）の「浦嶋子《うらのしまこ》」も、その影響を受けたと思しき御伽草子のその名も「浦島太郎」も、主眼は浦島太郎と竜宮城の姫との結婚にあります。

『釈日本紀』（鎌倉末期）巻十二に残る『丹後国風土記』逸文の「浦嶋子」はこんな話です。

容姿端麗な水江《みずのえ》の〝浦嶋子〟（以下、嶋子）が海で釣りをしていると、大きな亀が捕れた。その亀がたちまち美女となって、

「あなたと親しくおつきあいしたいという気持ちに勝てず、風雲に乗ってやって来ました」

と微笑み、嶋子に目をつぶらせて海中の御殿に連れて行きます。嶋子を見た海中の者たちは、

「あれは〝亀比売《かめひめ》〟の夫だ」

と言うので、嶋子は美女が亀比売という名であることを知ります。二人は結婚し、披露宴にはたくさんのご馳走が並び、姫の兄弟姉妹が盃をかわし、歌や舞の祝宴となります。

昔話の「浦島太郎」で、鯛や平目が舞い踊り……というのは浦島太郎と亀比売（昔話の乙姫様に相当）の結婚披露宴だったのです。

こうして夫婦となった二人は仲睦まじく過ごすこと三年。急に故郷や両親のことが恋しくなった嶋子が、

「私めは近親者のもとを離れ、遠い〝神仙の界《とこよくに》〟に入ってしまいました。恋しい気持ちに堪えられません。しばらく古里に帰って両親の顔を見させてください」

と亀比売に願い出ると、亀比売は、

「私があなたを思う心は変わらず、共に万年も夫婦であろうと誓ったのに、なぜ古里を慕って、わずかのあいだに私を捨て去ろうとするのです」

と嘆きます。出会いの時から終始一貫、〝神女《かむをとめ》〟（仙女）の亀比売に対し、嶋子はへりくだった言動をしているのですが、この時ばかりは意志を変えず、とうとう古里に赴きます。

その別れの時、亀比売は〝玉匣《たまくしげ》〟（宝石で飾った化粧箱。いわゆる玉手箱）を取り出し、嶋子に授けて言いました。

「あなたが私を忘れずに、再びここを訪ねようと思うなら、堅くこの箱を握り、絶対中を開けて見てはなりません」

こうして嶋子が故郷に帰ると、人も物もすっかり変わっていた。里人の話によって嶋子は、海中にある〝神仙の界〟で過ごした三年のあいだに、地上では三百年もの歳月が経っていたことを知るのです。

古里に戻っても一人の知り合いにも会えなかった嶋子は、亀比売のことが恋しくなって〝玉

御伽草子の「浦島太郎」
（国立国会図書館デジタルコレクション）

竜宮城で亀の化身と夫婦になって三年後、故郷に帰ると知る人もない。悲しんだ浦島太郎は「決して開けるなと言われたが今はどうしようもない。開けてみよう」と、亀にもらった〝かたみの箱〟を開ける。すると二十四、五歳だったのが老人に。やがて鶴となって虚空に飛び、のちに丹後国の浦島の明神になったという。童話や『丹後国風土記』逸文の「浦嶋子」では、「開けるな」という約束を忘れて箱を開ける浦島太郎だが、御伽草子では意識的に開けた上、鶴になるという一種のハッピーエンドになっている。

匣〟を撫で、約束を忘れて開けてしまいます。すると瞬時に、〝芳蘭《かぐは》しき体《すがた》〟（美しい姿）が風雲に乗って空に飛んで行きました。

〝芳蘭しき体〟が何を指すかは諸説ありますが、嶋子の若々しい肉体を指すというのが定説です。つまり玉匣には嶋子の若さが封じ込められていたというのですが、それによって嶋子がお爺さんになったという記述もないので、このあたりには少し疑問もあります。

いずれにしても嶋子は二度と亀比売に会えぬことを悟り、歌を詠むと、亀比売が彼方から美しい声を飛ばして歌に答えたのでした。

『丹後国風土記』逸文の「浦嶋子」は、亀の化身である仙女と人間の美男の性愛の物語で、亀を助ける話ではありません。ラストで箱を開けてしまった嶋子と亀比売には永遠の別れが訪れるものの、嶋子がお爺さんになったという描写もありません。

もっとも奈良時代の『万葉集』巻第九にも〝水江《みづのえ》の浦嶋子《うらのしまこ》を詠む歌〟という長歌があって、『丹後国風土記』逸文の話と同様のストーリーが展開しますが、亀は登場せず、嶋子は海の神女と結婚、そのままいれば不老不死の命を得られることになったのに、ラストで〝玉くしげ〟を開けたために、

〝若かりし　肌も皺みぬ　黒かりし　髪も白《しら》けぬ〟

と、昔話同様、白髪のお爺さんとなります。そればかりか、

〝息さへ絶えて　後《のち》つひに　命死にける〟

と、死んでしまいます。

「浦島太郎」には古くから複数のアレンジが存在していたのでしょう。『風土記』や『万葉集』の時代から約八百年後の御伽草子の「浦島太郎」では、亀を助けた浦島太郎の話になるものの、

「女（御伽草子では亀の化身）と竜宮城で結婚する」

という展開は『風土記』や『万葉集』と同じです。

つまりここにこそ、千年以上ものあいだ形を変えて書き継がれてきた「浦島太郎」の主眼があり、今の「昔話」（や童話）では、その主眼……浦島太郎は結婚のために竜宮城へ行った……がすっぽり抜け落ちていることが分かるのです。

女性器をさらけ出す姥捨て山説話の婆

私たちが絵本などで見る「昔話」では、その源流である古典文学には存在した「性愛」要素が消されてしまったわけですが、『日本昔話通観』を見ると、同じ「桃太郎」の話でも、桃から男子が生まれる話のほかに、地方によっては、婆が桃を食べて若返り男子を生むというタイプもあって（徳島、香川など）、江戸後期の『燕石雑志』に記される二タイプの話が民間には脈々

と伝わっていたことが分かります。

『日本昔話通観』には、そうした有名昔話の別バージョンがたくさん採集されており、その中には第四章冒頭で紹介した独身四十男の「浦島太郎」（香川）のようにユニークなものや、「性」の要素が顔を出しているものも多々あります。

たとえば第三章で紹介した「姥捨て山」の話には、こんな不思議なバージョンがあります。

『日本昔話通観』第三巻「岩手」に収められた「婆の新生」をそのまま引用すると……。

「親孝行息子が嫁をもらい、嫁の言うままに母親を奥山に連れていき、小屋に火をつけて走り帰る。婆が小屋からとび出し、股を広げて火に当たっていると、鬼子どもがやって来て、婆の大事なところを見て、『それは何だ』と聞く。婆が『鬼子を取って食う口だ』と言うと、鬼子は打ち出の小槌を投げ出して逃げる。婆は小槌で茅野を町にし、御殿を出して女殿様になる。下前になった息子夫婦が焚き物をその町に売りにいき、女殿様が婆であることを知ると、勝気な嫁が『広い茅野に小屋を作って私を中に入れ、火をつけてくれ』と言う。息子が仕方なくそうすると、嫁は黒焦げになって死んだ」

息子が「下前」になるというのは文脈からして落ちぶれたという意味かと思われます。

孝行息子がなぜ嫁の言いなりに母を殺そうとしたのかは不明ですが、「姥捨て山」説話でも、孝行息子が、殿様の命令や村の風習などで、やむなく老母を捨てる話は多いので、この話も、嫁に言われて仕方なく、という設定なのでしょう。

それにしても、婆が「大事なところ」つまり女性器をさらけ出し、「鬼子を食う口だ」と鬼の子供をだまして怖がらせ、打ち出の小槌をせしめているのは痛快で、まるで山姥（山に住む老女の妖怪）のような雰囲気です。

女殿様という発想も斬新で、童話化・メジャー化をまぬがれた昔話には、こんなに面白い老人の話が残っているのかと驚きます。

こうした老人の性の世界が、古典文学には残っています。

というわけで、はじめのほうでも触れた『万葉集』をはじめとする古典文学の老いらくの恋と性を次章では紹介しましょう。

第六章

古典文学の老いらくの恋と性

『万葉集』から『東海道中膝栗毛』まで

『万葉集』の老いらくの恋

古典文学には、昔話から抜け落ちた性の世界があふれており、老人の性も数多く描かれています。

「老いらくの恋」も古くから語られており、『万葉集』（八世紀後半）には、石川女郎《いしかわのいらつめ》の、

「年老いた婆さんだというのに、こんなにも恋に溺れるものなのか、幼な子のように」（〝古《ふ》りにし　嫗《おみな》にしてや　かくばかり　恋に沈まむ　手童《たわらは》のごと〟）（巻第二）

大宰大監《だざいのたいげん》（大宰府《だざいふ》の三等官）大伴宿禰百代《おおとものすくねももよ》（男です）の、

「問題もなく生きてきたのに、老いてからこんな恋に私は巡り逢ったことだ」（〝事もなく　生き来《こ》しものを　老いなみに　かかる恋にも　我《あれ》はあへるかも〟）（巻第四）

大伴坂上郎女《おおとものさかのうえのいらつめ》の、

「黒髪に白髪が交じり老いるまで、こんな恋にはまだ巡り逢ったことはないのに」（〝黒髪に白髪《しろかみ》交じり　老ゆるまで　かかる恋には　いまだあはなくに〟）（同）

などなど、男女を問わず、老いらくの恋を歌ったものがたくさんあります。

一方で、老いらくの恋に対するこんな手厳しい歌も。

「私の手枕で寝たいと思う殿方は、若返りの水を探しなさい。白髪が生えてますよ」（〝わが手《た》本《もと》　まかむと思はむ　ますらをは　をち水求め　白髪生《しらか》ひにたり〟）（同）

〝娘子《をとめ》〟にこんなことを言われた男、佐伯宿禰赤麻呂《さえきのすくねあかまろ》はこう返しています。

「白髪が生えることなど何とも思わない。若返りの水は何としてでも探しに行こう」（〝白髪生ふる　ことは思はず　をち水は　かにもかくにも　求めて行かむ〟）（同）

〝をち水〟とは、月の神が持っていると考えられていた、飲むと若返る水。満ち欠けを繰り返すことから、「月には死と再生を繰り返す霊水があると信じられていた」（日本古典文学全集『萬葉集』一　校注）のです。ちなみに昔話にも「若返り（の）水」と題する話は日本各地に伝わっており、それについては第十五章で詳しく触れます。

老女の恋をバカにする『源氏物語』と『枕草子』

『万葉集』では「老いらくの恋」自体は否定されませんが、相手が極端に年下だと、時に笑われ、バカにされています。

それが『源氏物語』（一〇〇八ころ）になると、「老いらくの恋」自体が否定的に扱われるようになります。

桐壺帝に仕える源典侍《げんのないしのすけ》という老女房は、内侍司《ないしのつかさ》（天皇への取り次ぎ、宮中の礼式を司る部署）の次官ですから、女房の中でもトップクラスの地位にあるキャリアウーマン。

「人柄も並々でなく、気働きがあり、上品で人々の信望もありながら、〝いみじうあだめいたる心ざま〟（きわめて好色な性分）」（「紅葉賀」巻）

という設定で、当時十九歳だった光源氏は、

「こんなに〝さだ過ぐるまで〟（女盛りを過ぎてまで）なぜこうも〝乱〟れているのだろう」

という好奇心から、戯れに口説いてみたところ、相手はまんざらでもなく、男女の関係に。

それを知った親友の頭中将《とうのちゅうじょう》も「まだそんな女まで気が回らなかった」と、彼女の〝尽きせぬ好み心〟（いつまでも枯れることのない好色心）を知りたくなって、口説いて男女の仲になりました。

ところが源典侍が逢いたいのは光源氏だけという設定で、しかし光源氏のほうは彼女とは興

味本位でつきあっただけなので、もうこれ以上積極的には逢いたくない。それでも彼女に恨まれると、

「年齢の高さを考えると可哀想だから慰めてやろう」（〝齢《よはひ》のほどいとほしければ、慰めむ〟）

と思うものの、その気になれない。

そんなある日、宮中の温明殿《うんめいでん》（三種の神器の一つである神鏡をまつる内侍所があり、典侍もここに伺候する）をぶらついていた時、源典侍の琵琶の音色の素晴らしさを見過ごしがたくて寝てやるのですが、それをあの頭中将が見つけて、暗闇であるのをいいことに、正体を隠して二人を脅すのです。

若いころからこうした「男の鉢合わせ」には馴れていたという設定の源典侍ですが、頭中将が怒ったふりをして太刀を引き抜くと、びっくり仰天。

「あなた、あなた」（〝あが君、あが君〟）

と、手をすって懇願する様は、

「あやうく吹き出しそうになる」（〝ほとほと笑ひぬべし〟）

と、描かれます。

相手が頭中将と分かると、光源氏は〝をかし〟くなって、頭中将も〝笑ひ〟だし、二人仲良く、女をあとにして帰って行くという展開。

「〝五十七八〟にもなる人が恥も外聞も忘れておろおろしている様子、それも二十歳そこそこ

の美しい若者たちのあいだでびくびくしているのは、ほんとに見られたものじゃない」と物語は言い、『万葉集』の佐伯宿禰赤麻呂のように、相手が若いのでよけいに笑われ役になっているともいえますが、そもそも源典侍が笑われるのは、

「女盛りを過ぎてまで」（〝さだ過ぐるまで〟）

「乱れている」（〝乱る〟）

から。十三年後、尼姿になった源典侍に再会した光源氏は、相も変わらず色めいて〝若やぐ〟彼女の言動を〝うとましく〟思い、

「〝老いらくの心げさう〟（老いらくの恋）も、〝よからぬもの〟の世のたとえと聞いたことがある」

と思い出しています（「朝顔」巻）。

中世の『源氏物語』の注釈書の『紫明抄《しめいしょう》』によれば、老いらくの恋を〝よからぬもの〟としたのは『枕草子』（一〇〇〇ころ）といいますが、現行のどの系統の『枕草子』にもそうした記述はありません。

しかし『枕草子』の〝にげなきもの〟（似つかわしくないもの）の段には、

「老いた女が腹ぼてになってうろうろしてるの」（〝老いたる女の、腹高くてありく〟）

とあって、

「そういう女が若い男を持っているのさえ〝見苦し〟いのに、男が別の女の所に行ったという

ので腹を立てているよ」（〝若き男持ちたるだに見苦しきに、こと人《ひと》のもとへ行きたるとて腹立つよ〟）と、『枕草子』が「老女の性」に冷たい視線を送っていたのは確かです。

「美男と老女」「美女とジジイ」の恋

『源氏物語』に戻ると、「老いらくの恋」の中でも、とくに「老女の恋」が笑われている点に、幼いころから漢籍に親しみ、男尊女卑の儒教思想をいち早く身に着けたインテリ紫式部ならではの価値観が感じられますが。

『源氏物語』以前にも、古典には、

「美男に恋する老女の系譜」

ともいうべきものがあって、『源氏物語』より二、三十年ほど前に書かれた『うつほ物語』には、光り輝くような三十歳あまりの美男に、容姿も醜い五十歳を超す〝年老い〟た財産家の女が夢中になって、男のほうも女に財産のあるうちは女のもとに通っていたものの、財産が尽きると捨ててしまったというエピソードがあります（「忠こそ」巻）。この五十女は意趣返しに継子に無実の罪を着せ、しまいには落ちぶれるという展開で、美男に執着する老いた女が心身共に醜い姿に描かれています。『うつほ物語』の作者は不明ですが、漢籍に詳しい男性作者であるというのが定説で、「老女の性」に対する『源氏物語』以上に冷たい視線が感じられます。

さらに『源氏物語』より百年ほど前に書かれた『伊勢物語』（十世紀初め）には、主人公の在原業平が、彼を慕う老女を〝あはれ〟んで〝寝〟てやる話があります（六十三段）。のちに、男が来なくなると、女は男の家にまで押しかけて男の姿を覗き見します。それを見た男は、「百歳に一歳足りない白髪頭のお婆さんが、私を恋うているらしい。その姿が幻になって見える」（〝百年《ももとせ》に一年《ひととせ》たらぬつくも髪われを恋ふらしおもかげに見ゆ〟）と詠んで、女の家へ向かいます。女はイバラやカラタチにひっかかりながら、あわてて帰宅し横になって、男を慕う歌を詠む。そんな女の姿を男は〝あはれ〟と思って、その夜は女と〝寝〟たのでした。

『源氏物語』の光源氏と違って、『伊勢物語』の業平は終始一貫、女を笑うことなく、「愛しい、心打たれる、同情する」といった意味の〝あはれ〟という感情を寄せています。

そもそもこの女が業平と寝ることになったのは、女の三男の働きによります。

〝世心《よごころ》〟（男と関係を持ちたいという気持ち）が湧いた女が、

「何とかして優しい男とつきあいたい」

と思って、息子三人に、嘘の夢の話をします。当時、夢は何かの前兆として重視され、その意味を占う夢解きをすることもしばしばでした。この女が息子たちに語った夢の中身は記されませんが、「男ができる前兆」というような夢占いの結果が出る定番のような内容だったのでしょう。上の二人がそんな母に取りあわずにいる中、三男だけが、

「〝よき御男〟が出てくる前兆ですよ」

と、夢合わせをした。期待通りの答えを得た母は上機嫌となって、その様子を見た三男が業平に頼み込んだのです。

つまりこれは、「男が欲しい」という母の気持ちを汲んで、三男が男を見つくろった「親孝行」の話と見ることもでき、「老女の性」に対する優しいまなざしが感じられます。

とはいえ、「老人の性」、とりわけ「若い相手に恋をする老人」が、『万葉集』の昔から「分不相応なもの」とされていたのは、佐伯宿禰赤麻呂に対して「若返りの水を探しなさい」「白髪が生えてますよ」と詠んだ娘子の歌を見ても分かります。

大伴家持が、十歳以上年上の恋人、紀女郎《きのいらつめ》に対して詠んだ歌には、

「たとえ百歳になって、老いて口の締まりがなくなって舌がはみ出し、よぼよぼになっても、私は気にしない、思いは増しても」（〝百歳《ももとせ》に　老《お》い舌《した》出《い》でて　よよむとも　我《あれ》はいとはじ　恋は益すとも〟）（巻第四）

というものもあります。これは紀女郎が恋の不安を詠んだ歌への返歌ですが、老いが笑われているきらいは否めません。

そもそも「恋」が絡まなくても、美女と老人、美男と老女という取りあわせそのものが笑いを誘うものだったようで、『万葉集』巻第十六には、〝竹取の翁〟と呼ばれる〝老翁〟が、九人

の若い美女にからかわれたので、歌で返すやり取りもあります。

春の丘で美しい乙女たちが〝羹《あつもの》を煮る〟というから、芋煮会のようなピクニックでもしていたのでしょうか。そこへ来合わせた〝老翁〟を乙女たちは〝嗤《わら》ひ〟ながら、

「おじさんおいで。この火を吹いて熾《おこ》しなさい」（〝叔父《をぢ》来れ、この燭火《ともしび》を吹け〟）

と呼びつけます。そこで老翁が近づくと、

「誰なの、この爺さんを呼んだのは」（〝たれかこの翁を呼びつる〟）

と笑い者にしたので、竹取の翁は畏まって、

「〝神仙《しんせん》〟に近づいてしまった罪は、歌で償わせていただきます」

と、自分が若いころ、いかに美男子だったか、いかにモテモテだったかを長々と歌います。すると、九人の乙女らは、

「お爺さんの歌に、ぼんやり者の九人の子らは感動しています」（〝はしきやし　翁の歌に　おほほしき　九《ここの》の児《こ》らや　感《かま》けて居《を》らむ〟）

以下、一人一人、

「私はお爺さんになびきます」（〝我は寄りなむ〟）

「私もお爺さんになびきます」（〝我も寄りなむ〟）

と詠み込んだ歌を、老翁に贈るのでした。

『万葉集』（八世紀後半）の〝竹取の翁〟は、後世の『竹取物語』（九世紀後半〜十世紀半ば？）の同

名の翁との関係が取り沙汰されており、〃竹取の翁〃と呼ばれる老翁が天女や仙女と交流する話がかつてあったことを想像させます。

老人と美女、老女と美男の取りあわせは「物語」になりやすいのです。

それもひとえに「釣り合わない」がゆえなのです。

美女の治療に没頭したスケベ老医師の災難

「老人と性」といえば、平安末期の『今昔物語集』（一一三〇前後）巻第二十四第八には、色に迷う老名医の話が面白可笑しく描かれています。

昔、〃典薬頭《てんやくのかみ》〃（医療を扱う典薬寮の長官）で、当代に並ぶ者のない名医がおり、世の人がこぞって主治医としていました。そこへある日、美しく飾り立てた女車《おんなぐるま》が停められます。素性を尋ねても明かさず、

「適当な所に部屋を用意して降ろしてください」

と、可憐な声。

この名医は生来〃すきずきしく〃、女好きな〃翁〃だったので言う通りにすると、女は十五、六歳の下女だけを伴い、乗って来た車のほうは、下男たちが牛をつけ、飛ぶように行ってしまいました。

こうして部屋に通した女を見ると、三十歳くらいの素晴らしい美女です。長年連れ添った〝嫗《おうな》〟と死別して三、四年になる老医師は、

「いずれにしてもこの女は私の思い通りにできる者に違いない」

と思うと、

〝歯も無く極《きは》めて萎《しぼ》める顔〟

が、一面の笑顔になります。

老医師が嬉しく思っていると、女は、

「人の心というのは情けないもので、命のためにはすべての恥を忘れてしまうもの。どんなことをしてでも、命さえ助かればと思い、ここへ参ったのです。今は生かすも殺すもあなたの〝御心〟しだい。この身をお任せしたからには」

と、急に泣きだします。老医師がひどく同情して事情を尋ねると、女は袴の脇を引き開けて見せます。すると、

〝雪の様《やう》に白き〟股《もも》が、少し腫れている。

その袴の腰紐を解かせ、陰部の〝毛の中〟を探ると、陰部の近くに腫れ物がある。左右の手で〝毛〟をかき分けて、さらに詳しく見ると、それは命に関わる腫れ物でした。〝極《いみじ》くいとほしく〟思った老医師は、

「今こそ長年培った技能のあらん限りを出し尽くす時」と心に決めて、人も寄せつけず、自ら

たすき掛けで、昼夜を問わず治療に専念します。

そんなふうにして七日経つと腫れ物はすっかり良くなりますが、老医師は、

「もうしばらくこうして置いておこう。どこの誰だか分かってから帰そう」と考え、鳥の羽《はね》で薬を日に五、六度つけるだけにして様子を見ていました。

老医師はこの時点でも、女の名前や身分を教えてもらっていなかったのです。

すっかり快復した女は、

「恥ずかしい有様もお見せしましたし、親と思って頼みにしております。車で送ってくだされば、その時、素性も明かします。ここにも常に参ります」

と言う。

貴婦人が親兄弟や夫以外の男に顔を見せるのすら憚《はばか》られていた時代、陰部まで見せた女です。老医師が、

「あと四、五日はここにいるだろう」と油断していたところ、女は薄物だけを着て、下女と共に忽然《こつぜん》と消えてしまいました。

櫛箱や、脱ぎ散らかした女の袴や上着を見た老医師の悔しがるまいことか。

「私には妻もなく、気兼ねするような者もいないのだから、たとえ相手が人妻で、妻にできなくても、素性さえ分かれば、つきあう相手にうってつけだったのに」

と、〝手を打《うち》て〟悔しがり、〝足摺《あしずり》をして〟泣きべそをかいているので、弟子たちには陰で大笑

いされ、これを聞いた世間の人々も笑いながら本人にいきさつを尋ねてきます。それに対して、老医師はかんかんに怒りながら、弁解につとめたのでした。

老医師のスケベ心とプロ意識を刺激しながら病を治し、すんでのところで姿を消した謎の美女。彼女を、

〝極《いみじ》く賢かりける女かな〟

と、語り手は称えて話は結ばれます。

この老医師が何歳かは明記されませんが、『源氏物語』の源典侍同様、世間に一目置かれる優れた老人が「性」絡みで笑われる結果になっているのは、

「どんなに技能や才能のある老人も、若く美しい者には勝てない」

「老いらくの恋は笑うべきもの」

と言われているようで、物悲しいものがあります。

女は三十でもババア扱いの江戸時代

老人の性は、時代を超えて笑われている、といえます。

江戸時代には徳川政府の支えもあって支配階級には儒教思想がかつてないほど普及したのですが、庶民には関係なかったのか、大衆文学には、老人をバカにしたり、その性を笑う描写は

平安文学の比ではないほどあふれています。

前近代を通じて最大のベストセラーだった『東海道中膝栗毛』（一八〇二～一八一四）にはとくにその手の話が満載で、静岡の蒲原《かんばら》の宿で、喜多さんが同宿の十七、八の巡礼の女を犯そうとして、そっと撫で回していると、六十の、

〝ばゝア〟

だった（二編下）とか、四日市の宿で、〝年増《としま》〟らしきいい女が湯に入っていると喜多さんに聞かされた弥次さんが、その年増に、

「背中を流してくれ」

と頼むと、「はい」と言ってこちらに来たのは、

〝六十ばかりのばゝアめ〟

で、その婆が、

〝たはし（タワシ）をもつて、きやアがつて、おせなかを、あらひませうかとぬかしやアがる〟（五編上）

など、若い女と見れば犯そうとする、ババアと見ればバカにする、こんなのが「上は大名から下は、文字さえ読めれば、都鄙《とひ》の庶民にまで」（日本古典文学全集『東海道中膝栗毛』解説）というほど日本国中で読まれていたとは、あきれます。

同時代の式亭三馬の『浮世風呂』（一八〇九）は銭湯の人間模様を口語体の会話で綴ったもの

ですが、ここには、

〝年老《としより》のくせに出しやばつてからに〟

〝年老なら年老らしく引込で居《ゐ》りやアいゝのに〟（二編巻之下）

と女が婆さんを罵るくだりがあって、年寄りを軽視する風潮が当時の庶民にはあったようです。

ちなみに『膝栗毛』に出てきた〝年増〟ですが、江戸時代、年増は男の場合、四十歳前後、女の場合は二十歳以上四十歳前後までをいい、二十四、五から三十四、五までを年増盛《としまざかり》といいました（前田勇編『江戸語の辞典』）。

江戸時代、相当、若い女性でも年増と言われたり婆と言われたりするのは、女の地位が低かったことと遊郭文化が盛んなためで、女を性の対象としてしか見ない男の視線が幅をきかせていたからと私は考えます。

『浮世風呂』でも、三十歳ばかりの芸者が、十代と二十代の後輩二人に〝婆文字《ばばもじ》さん〟と呼ばれています。彼女は客の〝爺〟に皮膚のきめに皺が寄っているだの、すれからしだの、あれこれ言われた愚痴を後輩にぶつけます。彼女が言うには、

「婆芸者は当たり前さ。だから四十になったら賀の祝いと一緒に、赤飯を配って引っ込む覚悟だが、お前さんも要らぬ世話を焼く〝爺〟だね」

とその客をなじった。すると、

「口の減らねぇことを言う。客が世話焼き爺で、芸者が百歳婆じゃ、〝むかし〳〵あつたと

さ〟だ」

と言い返されたと嘆いています（三編巻之上）。

賀の祝いとは「四十の賀」を始まりとして、十年ごとに長寿を祝う宴で、とくに平安貴族のあいだでは何日にも及ぶ豪華な宴が行われていました。

〝むかし〳〵あつたとさ〟は昔話のことで、江戸時代後期でも、

「お爺さんとお婆さんといえば昔話」という認識があったのは非常に面白いのですが……。

「女（の性）」を商品にする遊郭の世界では、若さが売り物。

三十歳で〝婆〟と呼ばれ、婆扱いされることに怒りながらも、本人も老いを自覚しているのが哀れです。

これが鎌倉時代までさかのぼると、後深草院に仕えた二条という女房の綴った『とはずがたり』（十四世紀初め）では、出家して諸国を旅していた作者（当時三十五歳）が、院に、

「男がいるのだろう」

と疑われた時、

「断じていません」

と答えながら、

「私もまだ四十にすら満たぬ身ですから、この先、何が起きるかは分かりませんが」

とも言っていて（巻四）、鎌倉時代当時、四十歳未満の女は十分、「性の現役」と考えられていました。

さらに平安時代にさかのぼっても、『源氏物語』に見るように六十近い老女の好色はバカにされたものの、三十で婆という感覚はありません。そもそも『源氏物語』では、主人公の光源氏より五歳年上の藤壺が三十七歳で死ぬまで光源氏の最愛の人として描かれますし、実在の人物を例にとっても、四十四歳で末娘を生んだ四十五歳の源倫子を、夫の藤原道長が、

「姫たちに劣らぬほど若々しい」

と褒め、満足そうにほほ笑んだことが、倫子に仕えていた赤染衛門《あかぞめえもん》の手になる『栄花物語』に描かれています（巻第八）。

それもこれも女の地位が高く、文学の担い手も女が主流であり、女が敬意を受けていたからで、平安末期の『今昔物語集』では、当時五十歳近いと推定される歌人の伊勢御息所《いせのみやすんどころ》が、醍《だい》醐《ご》天皇の使者を、

「この世にはこれほどまでに素晴らしい人がいたのだ」（〝世には此《かか》る人も有《あり》けり〟）

と感激させたとあります（巻第二十四第三十一）。

この使者は、醍醐天皇が伊勢御息所に歌の依頼をするために派遣された者で、

「教養人で名高い伊勢御息所が一目置く者はこの男しかいない」

と、醍醐天皇自ら、容姿・風采・人柄の優れた者を厳選した男でした。その男をここまで感激

させた伊勢御息所は、江戸時代なら〝婆〟と切り捨てられる年齢です。

伊勢御息所の場合、当時の貴婦人の常で、夫か親兄弟以外の男には顔を見せませんから、使者は姿からではなく、声と気配から、

〝気高く愛敬付《あいぎやうづき》て故有《ゆゑ》り〟（気高く魅力的で奥ゆかしい）

と判断したのです。

女の地位が低下して、男に一方的に「品定めされる性」に落ちぶれると、江戸時代のように、若さがすべてとなり、「女（の性）」を売る芸者にいたっては三十で〝婆〟とされるのですが、平安時代のように、女が家土地を相続することが多く、文芸や政界の第一線で能力を発揮していた社会では、女の性の現役期間は江戸時代よりはずっと長いものでした。

三十過ぎたら婆と言われ、婆と見ればバカにする文学が横行する江戸時代の女の地位は、鎌倉・平安時代よりはるかに低かったのです。

昔も多かった高齢出産

全般的には地位が高いとはいえなかった「老いらくの性愛」ですが、中絶技術の発達していなかった昔、高齢出産は意外と多く、今まで何度も登場してきた藤原道長の正妻の源倫子も、六人目の子である嬉子を生んだのは四十四歳（満四十三歳）の時でした。

倫子の初産は二十五歳の時。四十四まで生み続けたわけで、平安時代に限らず前近代には出産可能年齢ぎりぎりまで生み続ける人は多かったのです。平安時代の例を挙げれば、醍醐天皇の后藤原穏子（八八五～九五四）は十九で第一子、四十二で第四子を生んでいますし、先の歌人の伊勢御息所（八七二ころ～九三八ころ）が歌人の中務《なかつかさ》（九一二～九九一ころ）を生んだのは四十一歳ころです。時代は下りますが明治三十五年生まれの私の母方祖母（一九〇二～一九九六）も数え年二十六で第一子を生み、四人目の子を生んだのは数え年四十三でした。

ちなみに前近代の庶民は、育てられない子は捨てるか殺すかしていました。捨て子は一六八七年に禁止されるものの、それ以後も多かったことは、人口三千五百万人だった一八七九（明治十二）年の捨て子が五千人以上で、人口当たりで計算すると二〇〇三年（六十七人）の実に二百七十七倍であることからも分かります。しかも前近代の日本では捨て子以上に「間引き」、つまり出生直後の子を殺すことが多く、貧しさだけでなく、「子育てのわずらわしさを避けたいという動機」からも、多くの子が間引きされたといいます（太田素子『近世の「家」と家族』）。

話を老人に戻すと、そもそも昔はどのていどの年齢での出産が「高齢出産」とされていたのでしょう。

『狭衣物語《さごろも》』（一〇七〇ころ）では、未婚の女二の宮が父の不明な子を妊娠したために（本人や乳母は分かっているのですが）、世間に対してはその母宮が妊娠したということにするくだりがあり、

何も知らない女二の宮の父帝は、

〝老子《おいご》は人の大事〟（高齢出産は一大事）

と考え、妻（母宮）が病気のように苦しんでいるのも無理はない、とみなしています。世間の人も、

「最後の出産からずいぶんあいだがあいて、かえって珍しい御慶事だな」

と驚いているという設定ですが、地の文では、

「母宮は今年四十五、六でいらっしゃるので、（年齢からすると）なんでご懐妊なさらないと決まっていようか。ましてお顔だちなどはまだ三十歳ばかりに見えて、とてもお美しくていらっしゃるのだった」（巻二）

とあり、当時、四十五、六は高齢出産とされていたものの、妊娠出産は十分あり得ると考えられていたこと、平安時代は江戸時代と違って、三十歳は婆どころか、若いと見なされていたことなどが分かります。

ついでにいうと、日本最古の仏教説話集『日本霊異記』（八二二ころ）は、聖武天皇の御代、丹生直弟上《にふのあたいおとかみ》夫妻が、夫七十歳、妻はなんと六十二歳の時に、妊娠して女児が生まれたと伝えています（中巻第三十一）。

これは、女児の手に仏舎利《ぶつしゃり》（仏の骨）があったため、喜んだ国の役人たちが信者をつのり、

資金が集まって、弟上の悲願だった七重の塔を建立することができたという奇蹟譚ですから、眉に唾をしてかかるべきでしょう。

しかし、極端な高齢夫婦に子が生まれ、その子のおかげで祈願が達成できるというのは昔話の典型で、こうした話のパターンが千二百年近く昔の説話集にすでに存在したという点で興味深いものがあります。

若い男に寵愛された老女がいた

女の地位が高かった平安時代の『源氏物語』でも、五十七、八で二十歳そこそこの光源氏や頭中将と関係する源典侍は当の男たちにもバカにされ、物語でも笑われ役として描かれていたものですが、昔も例外はあるもので、鎌倉時代の『古今著聞集《ここんちょもんじゅう》』（一二五四）巻十六に出てくる〝小松〟なる老女は〝六十ばかり〟の高齢ながら、若い男に愛されていました。

高倉天皇の皇女〝坊門院《ぼうもんいん》〟（範子。一一七七〜一二一〇）の侍所《さむらいどころ》（貴人を警護する従者の詰め所）の長に、兵庫助《ひょうごのすけ》則定という者がいて、〝むげに年わかき者〟（かなり年の若い者）であるにもかかわらず、侍所の〝雑仕《ざふし》〟（雑用係の下女）の〝小松〟という〝六十ばかりなる老女〟を〝寵愛〟（本によっては〝最愛〟）していたのです。

そのため、傍輩《ほうばい》どもは〝わらひて〟、則定のことを、

〝小松まき、小松まき〟

と呼んでいました。本によっては〝小松まぎ〟として、〝まぎ〟を〝婚ぐ〟の名詞形と解するものもありますが、ここは、男女が寝るとか結婚するという意味の〝枕《ま》く〟の連用形の〝まき〟でしょう。〝小松まき〟〝小松まぎ〟、いずれにしても、

「小松とやってる男」

のことで、意訳すれば、

「小松ラブ」

といったところでしょうか。

そんなある日、台盤所《だいばんどころ》（台所。女房の詰め所）で、女房が小侍（年若い侍）に、

「〝こまつなぎ〟（植物の名）を大急ぎで持って参れ」

と言ったところ、この小侍は〝小松まき〟と聞き間違えて、女房のもとに則定を連れて来た、それだけの笑い話なのですが。

則定は「伝未詳」といい、詳しい素性は分からないものの、実在の人物に違いありません。

そんな彼が若いころ、身分の低い六十女を〝寵愛〟（〝最愛〟）していた、それで傍輩に笑われてあだ名をつけられていた……若い男が老女を愛することはやはり笑われていたとはいえ、当の男が真剣に老女を愛していたことがポイントで、現実にはもてる老女もいたのだなぁと、昔も今も変わらぬ「人の多様性」に、なにやら心癒やされます。

第七章

古典文学の中の「同性愛」の老人たち

爺と稚児、婆と美女の物語

モノが弱まった老僧を「思いやる」稚児

『日本昔話通観』に収められた昔話にはいわゆる艶笑譚ともいうべき性の笑い話も多々あって、子供向けの童話に書き換えられる以前の昔話では性もタブーではなかったことが分かるのですが、同性愛の話だけは見つかりませんでした。その理由はよく分かりませんが、貧しい庶民の世界では、働き手である子供を授かることのできない同性愛は、したくてもできない贅沢だったからでしょう。

一方、古典文学には同性愛も多々描かれています。

とりわけ男色は、女色を罪とする仏教界では盛んで、「稚児」と呼ばれる少年を大寺院では必ず置いていました。

平安末期から鎌倉時代にかけては、貴族の結束を深めるために男色がたしなまれ、五味文彦の『院政期社会の研究』によれば、院政期の政治は「男色」抜きには語れないほど。藤原頼長《よりなが》は源成雅《なりまさ》、藤原忠雅《ただまさ》、藤原為通《ためみち》、藤原公能《きんよし》、藤原隆季《たかすえ》、藤原家明、藤原成親《なりちか》などと、後白河院は平資盛《すけもり》、摂政藤原基通《もとみち》、平重盛《しげもり》などと男色関係にあり、上流貴族は「男色の相手」を「受領《ずりょう》」に任じるなどして、互いの利益をはかっていました。

そんな具合ですから、物語にも男色の話は枚挙にいとまがないほど多く、時代は下りますが、有名な『東海道中膝栗毛』（一八〇二〜一八一四）の弥次さん・喜多さんもゲイ・カップルです。

数ある男色話の中で老人の出てくる話というと、『稚児草子』（『稚児之草子（紙）』とも）が思い出されます。

『稚児草子』は一三二一年に書写したという書き込みがあり、原本は鳥羽僧正《とばそうじょう》（一〇五三〜一一四〇）が書いたという伝のある絵巻。所蔵する醍醐寺は三島由紀夫や稲垣足穂といった特定の人に見せているだけで、一般には公開されていません（一部の絵は橋本治『ひらがな日本美術史』二で見られます）。

五人の稚児たちの物語から成るこの絵巻の第一話が老僧と稚児の話で、以下、稲垣足穂が原文に句読点をつけたもの（「『稚児之草子』私解」に掲載）をもとに説明すると、人々に非常に尊敬されていたある高僧が、年を取っても色の道は捨てられず、たくさんの稚児を抱えていた中でも一人の稚児をとくに寵愛し、〝御添臥し〟をさせていました。

けれどもこの高僧は年老いて、モノは〝こするばかりの矢〟となって、〝射（入）るる事〟はできなくなっていた。まともに勃起できないために、挿入できなくなっていたのです。

そんな老主人のために、この稚児は夜な夜な乳母子《めのとご》（乳兄弟）の〝中太〟という男を呼んで、〝大きらかなる張形《はりかた》〟を持たせ、香油などを塗って、自分の肛門に入れ、あらかじめ肛門を広げておくことで、老主人の弱々しいモノでも簡単に入れられるようにして、さらに火をおこして肛門をあぶってあたためておきました。

なんとも忠義な稚児ですが、そんな手伝いをさせられる中太こそいい迷惑で、あられもない稚児の姿に、モノが〝おひて〟（勃起して）我慢できずに〝千ずり〟（オナニー）ばかりする始末……。

老主人はというと〝老の眼は元より早く覚むる〟（老人はもとより早く目がさめる）ものなので、〝徒然《つれづれ》〟（退屈）なままに、この稚児を毎夜のように抱いていたのですが、稚児が乳母子と共にこうして準備をしているおかげで、老いて弱くなってしまったモノも、

〝少しも滞りなく入りけり〟

めでたしめでたし、と話は結ばれます。

なんとも生々しい話で、その絵もまた肉感的かつ衝撃的なものなのですが、老人ということに限らず、昔の僧侶の男色の実態を浮き彫りにする貴重な文献でもあります。

西鶴が描く一代女のお相手は

文芸と男色は切っても切れない関係にあります。

能を大成した世阿弥が足利義満の男色の相手であったことは有名な話ですし、古典文学にも男色話は枚挙にいとまがないほど満載です。

一方、女性の同性愛の話は古典文学にはほとんど見られません。

その数少ない一つが老女絡みのものなのです。

井原西鶴（一六四二〜一六九三）の『好色一代女』（一六八六）の主人公である一代女が、江戸・京・大坂での勤めにも飽きて堺の斡旋所で職を探していたところ、さるご隠居が、寝所の夜のふとんの〝あげおろし〟をするためだけに人を求めているといいます。

斡旋所に求人に来た、その家の関係者らしき〝姥《うば》〟は、一代女を見るなり、

「あなたなら主人のお気に入る」

と、勤めの前金も値切らず、早くも勤務の心得を教えてくれました。曰く、

「ご主人は嫉妬深い。店の若い衆と喋るのもお嫌いになる」

「母屋の〝奥〟の態度が大きく、横柄な言葉づかいをしても聞き流しなさい。〝はじめの奥さま〟のお連れになった腰元めが、〝奥さま〟が流行り風邪で亡くなったあと、〝旦那〟の物好きで後釜になったのです。美人ならともかく、〝なりあがり者〟のくせに今はわがままを抜かし

て、駕籠《かご》に乗るにも重ねぶとんをしている」

と、さんざん今の〝奥〟の悪口を言う。

しかし食事は贅沢ができるし、

「ご隠居お一人のお気に入るよう何を言われても背かず、家の中のことは決して他言なさいますな。ご隠居は金を貯め込んでいるので、明日にでも亡くなれば、思わぬ果報を得るかもしれぬ。もう〝七十〟で〝身は皺だらけ〟、〝先のしれたる年寄〟なので口ばっかりで何もできぬ」

一代女はそんなアドバイスを〝ざらりと聞いて合点《がってん》して〟、

「そんな〝年寄男〟は、こっちの扱い一つです。隙を見て別に男を作って、妊娠したらそのご隠居の子ということにして、財産は我が物になるよう遺言を書かせて、末は楽に暮らします」

そんなことを言いながら屋敷に赴くと、〝七十ばかり〟の頑丈そうな〝かみさま〟（おかみさん）が現れ、一代女の姿を〝穴のあく程〟見ると、

「どこも人並みに揃っていて嬉しや」

と仰せになる。

「これは思っていたのと大違い。婆様への奉公なら来なかったのに」

今まで男をたらして生きてきた一代女は、主人が女と知って悔やんだものの、優しそうなことばにほだされ、この〝かみさま〟に仕えてみることにしました。

夜になって床の用意をするところまでは良かったのですが、

〝かみさまと同じ枕に寝よ〟

という命令があったので、

「お腰などをさするのか」

と思っていたところ、〝かみさま〟が〝男になりて、夜もすがらの御調謔《たはぶれ》〟となった。

斡旋所に来た〝姥〟の言う〝旦那〟ことご隠居（〝かみさま〟）は女性同性愛者だったのです。

その相手を〝奥〟と呼んでいたのでした（巻四）。

物語によれば、この〝七十ばかり〟の女主人の〝願ひ〟は、

「一度は来世で〝男〟に生まれて、したい放題したいのに」

というもの。

日本では古くから公認されていた男性の同性愛と違い、女性の同性愛は肩身が狭かったのでしょう。斡旋所に来た〝姥〟が一代女に「家の中のことは決して他言するな」と言っていることとからもそれが分かります。

金も十分あるのに、したい放題できない老女が哀れでなりません。

西鶴の小説は現実に取材したものが多いのですが、この話は老女の性の話というだけでなく、数少ない女性同性愛者の貴重な資料といえます。

第八章

昔話は犯罪だらけ

老人たちの被害と加害

昔話には、今なら犯罪としか思えぬ話も多いものです。

雀の舌を切る「舌切り雀」のお婆さん、狸が悪さをしたからといって縛って狸汁にしようとした「かちかち山」のお爺さんは動物虐待で通報されるでしょうし、「花咲か爺」でお爺さんの飼い犬を殺した隣の爺さんにいたっては、愛護動物をみだりに殺したり傷つけたりした罪で、二年以下の懲役または二百万円以下の罰金が科せられます（「動物の愛護及び管理に関する法律」）。

動物だけではありません。

第三章で紹介した、子が老親を山へ捨てたり、焼き殺そうとする「姥捨て山」説話のたぐいは扶養義務の放棄とか老人虐待の域を超え、完全に殺人未遂ですし、勤め先のお嬢様（姫君）に濡れ衣を着せて親に追放させる「一寸法師」は名誉毀損と詐欺の罪、「人のものを盗み食いしたから」（しかもこれは一寸法師の嘘）といって十三歳の姫君を追放してしまう親は育児放棄の罪に問われるでしょう。

拙著『本当はひどかった昔の日本』でも紹介したように、前近代の日本では今でいう育児放棄・虐待は日常茶飯事で、捨て子も徳川綱吉が禁止する一六八七年までは罪に問われることもなく、見馴れた光景でした。しかも古来、捨て子は犬に食われていたことは平安後期の『今昔物語集』などの古典文学などでもお馴染みで、捨て子の禁令が出されたあとも、一八三七年正月に、浅草寺の囲いの外に捨てられた子を犬が食っているのを番人が見つけたという記録が『浅草寺日記』にはあります（沢山美果子『江戸の捨て子たち』）。

昔話は狸やウサギといった動物と人が会話したり、天女が空から降りてきて人と結婚したりといったファンタジーの部分も大きいものですが、犯罪めいた記述に関しては、実際にそれに近いことが行われていたり、家庭団らんの場で語られても許容されるていどの悪事としか見なされていなかった、という社会背景があってのことなのです。

古典文学にみる老人たちの詐欺被害

古典文学にも、現代人の視点から見れば、犯罪に巻き込まれたり、関与していると思える老人は少なくありません。

とくに目立つのは詐欺被害で、第六章に挙げた『今昔物語集』のスケベな老医師〝典薬頭〟

は、三十ばかりの美女にセックスをちらつかせられながら、治療費ももらえずトンズラされた詐欺被害者と見ることもできるでしょう（語り手はこの女を〝極《いみじ》く賢かりける女〟と絶賛していますが）。

　前章でも紹介した『好色一代女』の、七十のご隠居（実は女だった）に仕えることになった一代女が、

「そんな年寄り男はこっちの扱い方ひとつ。よそに男でもこしらえて、腹ぼてになったら、そのご隠居の子ということにして、ご隠居の遺産は我が物になるよう遺言に書かせて末は楽に暮らします」（巻四）

と言っているのなどは、実行には移さなかったとはいえ、詐欺師の発想です。

　老い先短い年寄りをだまして財産をせしめようとしたり、ましてだましてからかうなどは罪悪感もなかったようで、戦国時代の笑い話を集めた『醒睡笑《せいすいしょう》』（江戸初期）巻之六にはこんな話があります。

　相思相愛の夫と死に別れた〝姥《うば》〟が寝ても起きても亡き夫を慕って、

「一刻も早く命が終わって、亡き人と同じ蓮の上に生まれ変わりたい」

とばかり繰り返し涙に暮れているので、その様子を隣の者が〝をかしがりて〟……と、もうこの時点で、現代人なら、不謹慎だと怒りそうなものですが、悲しがっていることを可笑しがるというより、同じことを繰り返すという老人に特有の言動が可笑しかったのかもしれません。

いずれにしても失礼な話ではあるものの、その隣人は姥のもとに行って、

「善光寺へ行って爺さんに会ってきたよ」

と言うのです。すると姥は、

「どんな様子だった？」

と尋ねます。


なんで善光寺で死んだ爺さんに会えるのか。この箇所が私は疑問だったのですが、調べると、信濃の善光寺は死者の霊の集まる「あの世」であるという他界信仰があり、戒壇巡りをすると、その暗闇の中で死者に会えるといわれていたそうです（五来重『善光寺まいり』）。善光寺の戒壇巡りは私も経験しましたが、本堂の瑠璃壇《るりだん》の地下にもうけられた真っ暗闇の空間を手探りで進み、設置してある如来の「鍵」に触れた時の神秘的な気持ち、地上の光を見た時の安心感は忘れられません。善光寺信仰の盛んな時代は信濃に限らず、多くの善光寺が全国に広がっていたといい、この話の寺も信濃の善光寺とは限りませんが、善光寺に関する信仰が、戦国時代から江戸初期にはすでに庶民のあいだにも流布していたことが『醒睡笑』からは分かります。このように古典文学は、たとえ笑い話でも、当時の現実が反映されていることが多いのです。


話を戻すと、姥に亡き爺さんの様子を聞かれた隣人はこう答えました。

「〝三途河《しやうづか》の姥〟と〝夫婦《めをと》〟になって、とんでもない〝浮世ぐるひ〟（女狂い）になっていたよ」


すると、毎日のように嘆いていた姥はたちまち顔色を変え、

「ああ憎い婆めが、人の男を取りやがって」（〝あら憎《にく》のうばが、人の男を取りたるや〟）

と、杖を持って十王堂へ〝走り〟、そこの木像まで叩き、恨みに恨んだということです。

十王堂とは閻魔王をまつるお堂のこと。〝三途河の姥〟は、三途の川にいて亡者の衣を剝ぎ取るという奪衣婆《だつえば》のことで、いわば閻魔王の配下ですから、十王堂にもその木像がまつってあったのでしょうか。

死んだ夫が三途の川の婆と浮気三昧しているなどというあり得ないような嘘を真に受ける老女の愚かさと共に、嫉妬のあまり〝走り〟だして木像を叩くたくましさ、年を取り、夫が死んでもなお消えない執着ぶりが笑われているわけです。

だまされやすいのは今も昔も老人の常で、内閣府の「平成26年版高齢社会白書」によれば平成二十五年度（二〇一三）の「振り込め詐欺の被害者の8割以上が60歳以上」といいます。

判断力が低下している上、社会とのつながりも薄くなりがち、そのくせ金を貯め込んでいることの多い老人は詐欺被害のターゲットなのです。

現代の高齢者の検挙率上昇の背景

老人は、犯罪の被害に遭うばかりではありません。

老人による犯罪も現代日本では増えています。法務省の「平成26年版犯罪白書のあらまし」

によれば、一般刑法犯について、検挙人員の年齢層別構成の推移（最近二十年間）を見ると、「全体的に高齢化が進み、60歳以上の者の構成比は、平成6年には6・3％（1万9505人）であったのが、25年は、24・0％（6万3157人）を占め、65歳以上の高齢者が17・6％（4万6243人）を占めている」（以下、「高齢者」は六十五歳以上を指す）「高齢者の検挙人員は、他の年齢層と異なり、増加傾向が著しく、平成25年は6年の検挙人員の約4倍であり、成人の他の年齢層と比較して最も多かった」

中でも高齢者の比率の高い犯罪は「窃盗」ですが、その増加は著しく、「平成25年は6年の約4・5倍であった。さらに粗暴犯である傷害及び暴行も著しく増加しており、重大事犯である殺人及び強盗も増加傾向にある」といいます。

高齢者の人口が増えているのだから犯罪者が増えるのは当たり前とも思うのですが、実は、高齢者の検挙率の上昇は、高齢者人口の増加だけでは説明できないのです。

朝比奈次郎・三澤孝夫・平林直次の「高齢者にかかわる民事、刑事事件の状況」は二〇一〇年の論文なので、もととなる統計が平成十九（二〇〇七）年のものと古いのですが、その時点ですでに高齢者の検挙率は増えており、しかも平成十九年の高齢者人口が二十年間で約二倍に増加しているのに対し、高齢者の一般刑法犯検挙人員は約五倍に増加しているというのです。

朝比奈氏らの分析をまとめると、高齢者世帯の貧困化と孤独化がこうした結果を招いているといいます。

高齢者世帯の年間所得の分布を見ると三百万円未満の世帯が高齢者世帯の約六割を占め、個々の家計についても「毎月赤字」「時々赤字」が高齢者世帯の四十・四％を占めるなど、経済的に困窮している高齢者の多いこと、高齢者の単独世帯の増加が原因ではないかと、朝比奈氏らはいいます。

もっとも内閣府の「平成26年版高齢社会白書」によると、高齢者世帯の平成二十三（二〇一一）年の平均所得は三〇三・六万円で、全世帯平均（五四八・二万円）の半分強であるものの、世帯人員一人当たりでみると、高齢者世帯の平均世帯人員が少ないことから、一九五・一万円となり、全世帯平均（二〇八・三万円）とのあいだに大差は見られないといいます。ただし高齢者の所得格差は「他の世代と比べて大きい」（内閣府）といい、こうしたところに、高齢者の不満や孤独がつのる原因があるのではないでしょうか。

昔話でいう「良いお爺さん（お婆さん）」が金持ちになると、それを「隣の悪いお爺さん（お婆さん）」が真似をするのと似たような心理が働いて、犯罪に走るのではないか。

また、第三章で触れたように、高齢者の自殺率が最も高い家族形態は三世帯同居ですから、単身世帯が即、不幸というわけではないでしょうが、犯罪の歯止めがなくなるということはあるかもしれません。

いずれにしても、「貧困と孤独」というのは昔話の老人の一大特徴にも重なって、「昔話はなぜお爺さんとお婆さんが主役なのか」という本書のテーマ的にも非常に考えさせられるものがあります。このへんについては、「隣の悪いお爺さん」問題と共に、第十三章で掘り下げます。

古典文学の老人による捨て子殺しと高利貸し

古典文学にも高齢者の犯罪はあります。とくに江戸時代後期に多いのが、捨て子を養育すると、お上や共同体から養育費がもらえるシステムを悪用し、捨て子を殺して養育費を貪《むさぼ》るという、今でいえば、生活保護を不正受給するような「貧困ビジネス」的な犯罪です。

『雲萍雑志《うんぴょうざつし》』(一八四三)は、捨て子をもらい取り、飢えさせて殺しては、養育費を貪っていたため、〝子貰婆〟とあだ名をつけられた老女を紹介しています(巻之二)。当時の乳幼児の死亡率の高さを利用した悪質な犯罪といえますが、そのことによってこの婆がお上に罰せられた様子もとくにありません。

〝我と来て遊べや親のない雀〟(『おらが春』)の句で名高い小林一茶(一七六三〜一八二七)も、妻の病中、三男の金三郎《こんざぶろう》を知り合いの娘に預けたところ、娘の乳は〝滝〟のように出るという触れ込みは真っ赤な嘘で、金三郎は水ばかり飲まされていたことが発覚、一月後《ひとつき》には骨と皮ばかりになっていたということがありました。

しかしこの知り合いが告発されたり罰せられることはないばかりか、

「その子は五日以内に死ぬ」

などと捨てゼリフを一茶に吐く始末。結局、金三郎は別の乳母に預けられるものの、半年後に死んでしまいます（『希杖《きじょう》本一茶句集』）。

乳幼児の死亡率が高く、子供が簡単に捨てられたり間引きされたりしていた当時、子供の命の価値は今よりずっと低かったのでしょう。

氏家幹人の『江戸の少年』にも、七十過ぎの老夫婦が、もらい子をしては、酢をのませ、こたつに入れて火を強くして、二十九人も蒸し殺していたという、江戸後期に実際に起きた事件が紹介されています。二十九人目を殺した際に犯行が明るみに出て、さすがに老夫婦は処刑されました。が、この事件を紹介した岡正武は、

「世に嬰児を貰ひて殺す者も是迄《これまで》聞き及びたれど、二三人與《か》多くて五六人也。然るを廿《(二十)》九人迄《まで》殺すと云《いう》は」

と、氏家氏のことばによれば「二、三人くらいの嬰児殺しなら別に珍しくもないとでもいうような口ぶり」で、「貰い子殺しがいかに身近な犯罪であったかが、あらためてうかがえる」（『江戸の少年』）といいます。

『雲萍雑志』の〝子貰婆〟も、殺したという証拠がないので、罰せられなかったのでしょう。

氏家氏によれば、一八四〇年にも、七十歳の貧しい老婆が、金目当てに貰い子をしたあげく、その子を殺して川に投げ込んだという事件、幕府の役人が親しくしていた婆やに養育料を添え

て預けた乳飲み子を殺されたといった事件が起きています。

明治十八（一八八五）年には、芝区三田の五十三歳の女が七十人以上の貰い子を殺したという事件もあって（氏家氏前掲書）、力のない中高年がさらに力の弱い乳幼児を殺して金にするという悲惨な構図が、江戸後期から明治時代にかけてはあったことが分かります。


金を貯め込んでいる老人は、詐欺の被害者になるだけでなく、高利で人に金を貸し、あこぎに取り立てる加害者になる場合もありました。

先の『雲萍雑志』で、子をもらっては飢え死にさせて養育費を貪っていた〝子貰婆〟もその一人です。彼女はもとは高貴な人の局で宮仕えしており、そのあいだに貯めた金を元手に、退職後は高利貸しをして、厳しい取り立てをしていました。

根岸鎮衛《やすもり》の随筆『耳袋』（江戸中期〜後期）巻の三にも、この手の老婆が描かれます。彼女は、放蕩者の〝無頼の少年〟を借金の取り立てに雇っていました。

その日も少年はこの〝老姥〟の指図で取り立てに行ったのですが、その家では夫は留守で、妻が、疱瘡（天然痘）を患ったたった一人の子を介抱している最中でした。寒い冬なのに、部屋には、風を防ぐ小屏風と、病気の子にかけた薄い夜具一枚があるだけ。

「春まで待ってくださいますよう」

涙ながらに女房が言うので、〝無頼の少年〟も「もっともだ」と思い、老婆のもとに帰った

ところ、

「病人に着せた夜具でも何でも剝ぎ取って来るべきだ」

と老婆は罵ります。少年はまた例の家に行って、

「工面してください。あの老婆が来て、どんなことをするかも分かりませんから」

と言うと、女房は涙ながらに出て行って、自分の着ていた布子《ぬのこ》（木綿の綿入れ）のような物を売って金子一分をこしらえて少年に渡しました。極寒に自分は薄い単衣《ひとえ》を着てでも、我が子の夜具は守りたかったのです。

〝無頼の少年〟がその金を渡すと、老婆は、

「よく取ってきた」

と〝笑〟って受け取りました。その様子の〝あまりの恐ろしさに〟さしもの不良少年も、この老婆とつき合うのをやめたということです。

律令が定めた老人の罪科酌量

昔から老人にもワルはいたわけですが、古代の法律では、高齢者は子供や身障者と同様、罪を犯した場合の軽減措置が定められており（以下「名例律」）、

〝凡《およ》そ年七十以上・十六以下、及び廃疾《はいしつ》（中程度の身障者）〟

は、流罪に相当する罪を犯した場合、配流の代わりに〝贖《ぞく》〟を取ることが許されていました。〝贖〟とは、銅や布・稲・土地・人身などで罪を贖うこと。さらに、

〝八十以上・十歳以下、及び篤疾《とくしつ》（重度の身障者）〟

は、反逆・殺人といった死罪になるべき罪を犯した場合、〝上請《じゃうしゃう》〟が許されていました。〝上請〟とは、天皇に上奏して判断を仰ぐこと。酌量の余地が生じるわけです。これらの人が窃盗や傷害を犯した場合は、〝贖〟を取ることが許されました。そして、

〝九十以上・七歳以下〟

は、死罪があっても、刑罰を加えない、とあります。

また、罪を犯した時点では、こうした高齢者や身障者に当てはまらなくても、罪が発覚した時、高齢者や身障者になっていれば、右のような規定によって裁けといいます。

その後の時代の老人の刑罰の軽減措置については不明なものの、現代の刑法に関していえば、死刑が適用される年齢の上限に関する規定はなく、老齢を理由に死刑を免れることはできません。

第九章

自殺や自傷行為で「極楽往生」？

昔話の往生話と平安老人たちの「終活」

いかに死ぬか、どこで死ぬか、といった「死に方」が現代日本では大きな問題として浮上しています。

厚生労働省の「平成22年（2010）人口動態統計（確定数）の概況」の中の「死亡の場所別にみた死亡数・構成割合の年次推移」によると、昭和二十六（一九五一）年には自宅で死ぬ人が八十二・五％だったのが、平成二十二（二〇一〇）年には十二・六％にまで下がっています。

つまり九割近くの人が、病院をはじめとする何らかの施設で息を引き取っているのです。

最近ではそうした傾向に対して、「看取り」ということがしきりに言われるようになりました。危篤になっても救急搬送して病院で死ぬのではなく、自宅なら自宅、老人ホームなら老人ホームで、あるいは病院で余命が短いと診断されたなら、住み慣れた自宅や老人施設に戻り、馴染んだ環境の中で死を迎えようというわけです。

家で死ぬのが普通だった昔と違って、現在は、病院や老人施設などさまざまな場所で死ぬ可能性があり、延命治療も進んでいるだけに、人生の終わりにどのような「死に方」を選ぶのか、延命治療はどこまでするのか、施設で死ぬか家で死ぬかは大問題で、葬式や墓のことを含めて、前もって決め意思表示しておく、「終活」ということばが急浮上しているゆえんです。

自殺にも似た昔話の往生話

昔話でも「どういう死に方をするか」は大きなテーマです。

青森にはこんな話があります。

昔、貧乏でその日の暮らしにも困る婆が、どうにかして「極楽往生したい」と、村はずれの地蔵様におまいりしていました。ところが賽銭が続かないので、一文銭に糸をつけ、おまいりするたびに賽銭箱に入れては釣り上げて持ち帰っていました。

ある日、欲張りな和尚の寺におまいりに行った婆が、いつものように一文銭を賽銭箱に投げて取り戻したところ、怒った和尚は、婆が再びおまいりに来た際、天井裏から、

「極楽さ行きてならば、お寺の池の松の木さ登れ」

と吹き込みます。阿弥陀様の声だと思って喜んだ婆が松の木に登ると、和尚は今度は、

「婆、左の手、はなせ」

婆が左手をはなすと、

「右の手、はなせ」

言われた通りにした婆は、池の真ん中にどぶんと落ちたかと思うと、五色に光る船が現れて、それに乗って極楽往生したのでした。

その光景を見た和尚が、自分も極楽の船に乗りたくなって真似をしたところ、池に落ちて死んでしまいます。

この話は『日本昔話通観』第二巻「青森」の「笑い話」の項目に収められているものの、とても笑える話ではありません。

結局、婆も和尚も「死ぬ」という点では同じなのですが、「死に方」に大きな違いがあります。婆は極楽往生したというのがポイントで、現世の暮らしが貧しくつらい庶民なればこそ、せめてあの世では安楽に……という願いが強かったのでしょう。

この手の話は東北信越地方ではいろんなパターンができるほど広まって、山形には、天に昇って、死んだ婆に会いたいと願っている爺を、旦那（雇い主）がただ働きさせたあげく、もみの木に登って、自分の教える呪文を唱えれば天に行けるとだました話もあります。旦那に言われるままに木から手を放した爺は光に包まれて昇天、その光を見て目がくらんだ旦那は失明してしまいます（『日本昔話通観』第六巻「山形」）。

新潟には、「後生願い」（ひたすら来世の極楽往生を願うこと）ばかりしている爺が、井戸に飛び込めば五色の雲に乗って極楽往生するという夢を見たまでは良かったものの、その夢を狩人に売ってしまい、狩人が極楽往生するのを見て真似したところ、極楽へは行けずに亀になったという、これまた「笑い話」の項目に収められた話もあります（『日本昔話通観』第十巻「新潟」）。

平安時代の終活ブームを呼んだ『往生要集』

木から飛び降りたり、井戸に飛び込んだり、自殺にも似た往生法には驚きますが、死んだら極楽浄土に行きたい、「往生」したいという願いを反映する昔話は多いものです。

この「往生」の考えが日本に広まったのは平安中期。上流階級のあいだで浄土教が流行した際、貴族や知識人のあいだで、「往生」ブームともいうべき現象が起こります。

その引き金となったのが『往生要集《おうじようようしゆう》』（九八五）です。

『往生要集』は天台僧の源信《げんしん》（九四二〜一〇一七）が書いたもので、〝天下に流布せり〟（『扶桑略記』巻二十七）といい、一種の「社会現象」になっていました。

「往生」とは、「仏の浄土」とくに「阿弥陀仏の世界である極楽浄土」に往くことを意味し、『往生要集』とは読んで字の如く、

「どうすれば極楽往生することができるか、そのための要《かなめ》を集めた本」です。

有名なのは地獄の描写で、熱した釜で煮られるとか、獄卒に舌を抜かれるといった、日本人

の持つ地獄のイメージは、この本によって作られました。

さらに餓鬼道、畜生道、とりわけ体中、汚物が詰まって〝不浄〟に満ちた人道《にんどう》など、六道の苦しみを描くことによってそれらを厭わせ、「何とかして浄土に生まれ変わりたい」というモチベーションを高めた上で、いよいよ極楽往生するための〝念仏〟の正しいあり方の解説となります。

かつて〝念仏〟とは「仏を心に念じて観る」ことを意味しており、いかに仏や浄土のビジュアルを思い浮かべるかが重要でした。『往生要集』では、仏の具体的な容姿を経典に沿って四十二項目にわたって詳述、花を供えたり、念珠を用いたり、深く信じるといった、「仏をイメージする」のを助ける方法が説かれます。

ちなみに『往生要集』に描かれる仏の容姿を要約すると、髪は右巻き、耳は厚く長く、額は広く、眉間には白毫《びゃくごう》と呼ばれる長い毛が右巻きに丸まって生え、伸ばすと一丈五尺（約四・五メートル）になり、十方面に無量の光を放つ。眼から光明を出し、四筋に分かれてあまねく無量の世界を照らし、鼻は高くまっすぐで、唇の色は真っ赤、四十本の歯は同じ大きさで清潔で密で根が深く、雪よりも白い。舌は薄く清潔で、広く長く、顔を覆って、耳や髪の際から天界の梵天にまで達する。声は美しく、その気になれば果てしない彼方にまで達する。首からもさまざまな光を発し、脇の下は充満してくぼんでおらず、ひじは象の鼻のように長く、まっすぐ立つと膝まで達する。指は繊細で、指のあいだには水かきがあり、胸は広く、光明を放ち、肌の色は金色、身から放つ光は三千界を照らし、長身で、性器は平らで満月のごとく、金色の光がある。足の裏は平ら……と、それぞれ、もっと詳しく、ほかにもまだまだ特徴が描かれます（仏さま、見ようによっては化け物じみているように感じるのは私だけでしょうか）。

日本思想大系『源信』の解説によれば、平安時代には、知識人たちが共に励まし合いながら念仏し、臨終を迎える「一種の念仏結社」が流行し、『往生要集』はそうした「浄土往生を願う人たちのなかに新風を送るものとなった」といいます。

『往生要集』は当時の「終活」ブームに乗った極楽往生のためのイメージトレーニング本、ハウツー本でもあったのです。

終活のお手本集「往生伝」の過激な中身

「終活」への興味が高まった平安中期には「往生伝」も流行します。

今でも高齢者の安楽な死を「大往生」と称《たた》えることがありますが、往生伝とは、極楽浄土に往生したと思われる古今の人たちを取り上げ、その伝記と、空に音楽が聞こえたとか、香りが漂ったとか、紫雲《しうん》がたなびいたといった往生の証拠を示し、極楽往生へのモチベーションを高めようというもの。

いわば往生のお手本集です。

文人貴族として有名な慶滋保胤《よししげのやすたね》（?～一〇〇二）による、日本最古の往生伝『日本往生極楽記』（九八三～九八五ころ）では、聖徳太子（?～六二二）などの超有名人から伊勢国の〝尼某甲《それがし》〟といった無名の人まで取り上げており、聖徳太子は、身体が〝香《かうば》し〟く、〝眉間より光を放つ〟など、仏陀的な素質を持っていた上、死ぬとその〝屍《かばね》〟が消え、棺の中が非常に香ばしかったことなどから浄土に往生したといいます。

伊勢国の〝尼某甲〟は、手の皮を剝いでその剝いだ手の皮に極楽浄土の図を描こうと、長年願っていたものの、自分では果たせないでいたところ、ひとりの僧がやって来て〝尼の手の皮を剝ぎ〟、忽然と去って行った。尼は願い通り、剝がされた手の皮に極楽浄土の〝相〟を写し、肌身離さず持っていると、臨終に際して、〝天に音楽〟があった。つまり極楽浄土に往生した、というわけです。

なんともグロい往生法ですが、律令の「僧尼令」では僧尼の焚身や捨身等を禁じています。養老令の注釈書である『令集解《りょうのしゅうげ》』（九世紀後半）巻第八の引用する「古記」（大宝令の注釈書）によれば、焚身とは指を焼いたり身を焼き尽くすこと、捨身とは身の皮を剝いで経を写したり畜生に布施すると称して山野に身を投じることを指すといいます。

日本思想大系の『律令』補注によると「焚身焼身は平安中期以後、盛ん」になったといい、『百練抄《ひゃくれんしょう》』（百錬抄。鎌倉後期の歴史書）によれば、長徳元（九九五）年には、阿弥陀峰《あみだがみね》での上人の焼身を、身分の上下を問わず大勢の人が見に集まり、その当時、諸国では〝焼身者〟が十一人も出たといいます。

来世の幸せのために現世の命を粗末にするという、現代人から見ると本末転倒な感じのする往生話ですが、五来重によると「死者の霊の往くところは、古くはむしろ地獄と信じられた」(『善光寺まいり』)といい、そこから逃れるためにあの手この手を講じたわけで、確実に極楽浄土に往こうと思うあまり、過激な手段に走る人もいたのでしょう。

先に紹介した自殺にも似た昔話の往生話は「二十世紀の口承を調査記録したもの」(『日本昔話通観』編集方針)とはいえ、他の昔話同様、いつとも知れぬ昔から細部を変えつつ伝えられてきたのであって、平安や鎌倉時代、実際に行われていた過激な往生方法には、その一つの源流があるのではないかと思います。

極楽浄土にもランクがある

往生伝の中身の過激さは、記録者の趣味やチョイスに拠るところも大きいようで、学者官僚の大江匡房《おおえのまさふさ》(一〇四一～一一一一)の『続本朝往生伝』(一一〇一ころ)は、往生したメンバーも著者の一族などの身近な人物が多く、臨終の様もぐっと現実的です。たとえば大江為基《ためもと》は〝幼小の日より深く極楽を慕《ねが》〟い、出家して長年念仏に励んでいました。そしていったん命が絶えた

あと、よみがえります。家人は喜びましたが、本人はただ、

「実に悔しい。浄土の中でも〝下品下生《げぼむげしやう》〟に行くだけだ」

と言い終えて死んだ、といいます。

いったん死ぬことによって、来世での自分の落ち着き先が分かったのでしょう。

一口に極楽往生といっても、上品上生《じょうぼんじょうしょう》、上品中生《ちゅうしょう》、上品下生《げしょう》、中品《ちゅうぼん》上生、中品中生、中品下生、下品《げぼん》上生、下品中生、下品下生まで九ランク（九品《くほん》）あります。為基は、その最下層に赴くことになったというわけです。

ちなみに世田谷の九品仏《くほんぶつ》という駅名は、九品仏浄真寺《じょうしんじ》という浄土宗の寺からきており、ここには九品を表す九体の阿弥陀如来像が安置されているため、この名があります。

あの世にまで階層があるとは世知辛いことです。

とはいえ、浄土は浄土。平安時代で最も栄華を極めた藤原道長も、娘の中宮威子が見た夢によれば、〝下品下生〟に生まれ変わっており、威子は心外に思うものの、夢の中でそのことを威子に告げた僧は、

「それでも並み一通りのことではございませんのに」

と言った。

目が覚めた威子がこの夢の有様を兄弟らに告げると、

「では往生なさったのか」

「最後の念誦《ねんじゅ》も力の限りなさっていたから、実に嬉しいなぁ」

ということになります（『栄花物語』巻第三十）。

そんな道長の臨終の様子は、『栄花物語』によると、こんな具合です。

道長のいる〝御堂《みだう》〟（法成寺《ほうじょうじ》）で、しかるべき僧たちが二十四時間態勢で念仏を唱え、養子で今は僧侶となった源成信《なりのぶ》入道が枕元に控え、道長本人にも念仏を勧める。

道長の周りに立てた高い屏風の西側を開け、九品を表す九体の阿弥陀仏が道長を見守るような形にする。

〝御目には弥陀如来《みだにょらい》〟のお顔を見て、〝御耳〟には〝尊き念仏〟を聞き、〝御心には極楽〟を思い浮かべ、〝御手〟には阿弥陀如来像の手からあらかじめ引いた〝糸〟を握る。

こうして〝北枕〟で〝西向きに臥《ふ》〟せるという万全の態勢で臨終を迎える様は、さすがに、

〝此世をば我世とぞ思ふ望月の欠たる事も無と思へば〟（『小右記』寛仁二年十月十六日）

と詠んだ道長ならではです。

阿弥陀如来像から引いた糸を握るというのは、『往生要集』巻中に〝臨終《りんじゅ》の行儀《ぎょうぎ》〟として中国の古典を引いて説かれていることで、病人を安置した堂の中に金箔で飾った立像を置き、「（立像の）顔を西方に向ける。その右手は挙げ、左手の中には五色の細長い布の、裾は地べたに垂れるほどの長さのものをつなぐ。病人は、安心させるために立像の後ろに置いて、左手に、仏の左手から出る布の先を持たせ、仏のあとについて浄土に往く形を作る。看護の者は香を焚

き、花を散らして病人を飾る。もし糞尿や吐瀉物《としゃぶつ》があれば、これを除く」と、あります。

阿弥陀仏の手から出た糸を握り、そのあとに従うことで、浄土に導かれようというわけです。

平安・鎌倉時代の延命医療観

老いや介護に関する著作の多い新村拓によれば、平安中期になって、浄土へ往生するために「阿弥陀仏に心を集中させることが強調されるようになる」と、この境地を得るための手段としての「医薬をどう扱うべきか」が「問題となっていた」といい、それはつまり、「臨死における医薬が往生を望む者にとって必要か否かの問題である」（『死と病と看護の社会史』）といいます。

これまた、現代の尊厳死にまつわる議論と似ているではありませんか。

新村氏によれば、鎌倉中期の僧良忠《りょうちゅう》は、中国の浄土僧善導《ぜんどう》の『臨終正念訣』をもとに『看病用心鈔』を記しており、そこでは、

「往生の障りは生を貪ることであり、灸治・療病はその障りを助けるものであるとして、臨終時における医薬の使用を否定している」（前掲書）といいます。

往生のためには、医薬は使わないほうがいいというのです。

鎌倉時代にはこの手の議論が盛んだったのか、道元（一二〇〇～一二五三）の教えを編集した『正法眼蔵随聞記《しょうぼうげんぞうずいもんき》』（一二三五～一二三八）を読んでいたら、

「病気も治療できるはずなのに、ことさら死のうとして治療しないのも仏道に背く〝外道《げだう》〟の考えだ。仏道のためには命を惜しんではならない。また、命を惜しまないのもいけない」

というくだりがあり、

「手に入るなら、灸の一つでも据えたり、下剤の一つでも用いることは〝行道〟（修行）の妨げにはならない」

と、良忠と正反対の意見が書いてありました（六ノ六）。

現代から見れば、灸や投薬など「延命措置」といえるほどのレベルではありませんが、「命」を延ばす医療の是非に関して議論があったことが分かります。

六道の最上位「天道」の苦しみ

ついでにいうと、『往生要集』の中で、この本のテーマ的に気になるのは、地獄、餓鬼、畜生、阿修羅、人、天という六道の中の最上位である〝天道〟の苦しみに関する記述です。

そこでは〝快楽《けらく》極りなし〟という素晴らしい暮らしが待っているものの、輪廻を繰り返す六道の一つである限り、死は免れません。

命が終わりに近づくと〝五衰《ごすい》の相〟というのが表れます。一に頭の上の花鬘《はなかつら》がたちまちにしぼみ、二に美しい天の衣が塵《ちり》や垢で汚れ、三に脇の下から汗が出て、四に両目がたびたび回ってめまいに襲われ、五には自分の居場所にいるのを楽しまなくなる。

いわゆる「天人五衰」と呼ばれるもので、こうした兆候が表れると、天女や仲間たちは一人残らず離れて行って、

〝これを棄つること草の如し〟（草のようにあっさり捨ててしまう）

と、誰一人助けてくれません。

ほかの天人が〝四種の甘露《かんろ》〟（天人が不死を得るための薬。青・黄・赤・白の四種がある）を口にして、美しい音楽を耳にする中、たった一人、天上界から去る苦しみは、

〝地獄よりも甚だし〟

といいます。

天人としての命が終わって天道を去ることになれば、次はまた六道のうちどこに生まれ変わるか分かりません。結局、六道のどこに行っても苦しみはつきまとうわけですから、心の平安を得るためには浄土に往生するしかないのです。

人間でいう「老衰」に相当する「天人五衰」が地獄の苦しみより甚だしいというのは、老いの苦痛もさることながら、美や快楽を知った者がそれを失うことの苦痛、次は地獄に生まれ変わるか畜生道に生まれ変わるか分からない不安感からくる苦痛、何より仲間に見捨てられる苦

悩を物語っているのでしょうが……そこに見える浄土教の死生観は、次章で述べる、老いを醜いと見なす平安貴族の美意識にも通じるような気がします。

第十章 老いは醜い

昔話の「姥皮」と大古典の老人観

若く美しい娘の身を守る「姥皮」

「姥皮《うばかわ》」という昔話をご存知でしょうか。

母を亡くした美しい娘が継母に追い出され、山中を歩くうちに親切な婆に出会い、

「これを着ると婆になる」

と、木の皮のようなものをもらう。それを着た娘は汚い婆になって、山賊にも襲われずに済み、婆の教えてくれた村の旦那様の家で「火焚き婆」として雇ってもらう。ある時、若旦那が姥皮を外した娘を見て恋患いに。使用人の女全員を若旦那のもとに行かせるが、恋患いは治らない。最後に残った火焚き婆を行かせると、意中の娘と分かり、二人は結婚して幸せになるという話です（『日本昔話通観』第十巻「新潟」など）。

継母にこき使われる灰だらけの汚い娘が王子様に見そめられるシンデレラに似たこの話、室町時代の御伽草子にも同名の物語があります。こちらの姫君は継母に追い出されるのではなく、十二歳で自分から家出して、亡き母の信仰していた観音菩薩に祈ったところ、木のような「姥皮」を授かります。それをかぶると、

〝恐ろしき姥の姿〟

になるため、野宿しても誰にも襲われず、観音の教えてくれた貴族の家の火焚き婆になり、姥皮を脱いでいたところを御曹司に見そめられ、二人は男女の仲になります（同じ「姥皮」でも現行の昔話の娘より、古い御伽草子の姫君のほうが万事につけ意志的で、近世に入って女性の地位が低下するにつれ、受け身型になっていったことがうかがえます）。

その後、御曹司には縁談が持ち上がりますが、両親に火焚き婆のことを話すと、最初は反対していた両親も、姥皮を脱いだ姫君の天人か菩薩が天降ったような姿に感動、結婚を認められた二人は夫婦となって子もたくさん生まれ末繁盛……と、話は結ばれます。

昔話と古典文学（御伽草子）、差はありながらも、共通するのは不幸な継子が幸せになるという結末です。

そしてこの話の面白さは、老婆になる皮を着ることで「理想的な男」以外の男が近づくことを防ぐという点にあり、そうしたことが成り立つ前提として、

「老婆＝恐ろしい姿→誰も近づかない→性愛の対象にならない」

といった共通認識があります。

　老婆の醜さが、若く美しい娘の貞操を守っているわけです。


　古典文学では、老婆のみならず、「老いは醜いもの」という認識があります。

『源氏物語』（一〇〇八ころ）の好色な老女源典侍《げんのないしのすけ》が光源氏の目に、

「まぶたがひどく黒ずんで落ちくぼみ、髪はたいそうほつれてけば立っている」（〝目皮《まかは》らいたく黒み落ち入りて、いみじうはづれそそけたり〟）（「紅葉賀」巻）とか、

『今昔物語集』（一一三〇前後）のスケベな老医師が、

「歯もなく、皺だらけにしぼんだ顔に満面の笑みをたたえ」（〝歯も無く極《きはめ》て萎《しぼめ》る顔を極《いみじ》く咲《ゑみ》て〟）（巻第二十四第八）

と描かれるように、好色な老人は男女を問わず、古典では醜く描かれがちです。

　が、とくに好色でなくても、

「老人＝醜いもの」

と思われていたことは、『源氏物語』が、藤壺中宮の口を借りて、

「それは老いているから醜いのです」（〝それは、老いてはべれば醜きぞ〟）（「賢木」巻）

と断言していることからもうかがえます。

　出家を決意した藤壺が、

「久しくお目にかからないでいるあいだに、嫌な姿に変わっていたらどうお思いになりますか」

と、幼い我が子である東宮に聞くと、

「式部のように？　そんな姿になるわけないよ」

と、東宮。式部というのは、東宮がふだん見馴れた、醜い姿をした人物の代表格だったのでしょう。それに対する藤壺の返答が「それは老いているから」というものだったのです。

第六章で紹介した『万葉集』巻第十六の〝竹取の翁〟も、九人の美女に向かって、「皆さんと同じ年ごろには私も美男子だったのに」といった歌をうたっています。

大伴家持が詠んだ歌でも、

「老いて口の締まりがなくなって舌がはみ出し、よぼよぼになる」（〝老い舌出《い》でて　よよむ〟）

と、老いの醜さが強調されていました（巻第四）。

老いると心も醜くなる

古代・中世の古典文学では「老い＝醜い」は常識でした。

見た目の醜さだけではありません。

老いると体だけでなく、心も衰える、と、昔の人は考えていました。

『徒然草』（一三三〇～一三三一ころ）は、

「命が長いと恥が多い。長くとも四十にならぬうちに死ぬのが見苦しくない生き方であろう」

（〝命長ければ辱《はぢ》多し。長くとも四十《よそぢ》に足らぬほどにて死なんこそ、めやすかるべけれ〟）

と言い、その理由として、

「その年ごろを過ぎると、容姿を恥じる気持ちもなく、人の中に出て交わることを願い、夕日の傾きかけたような年齢で子孫を可愛がり、その栄える将来を見届けるまでの命を期待し、ひたすら俗世をむさぼる心ばかり深く、しみじみとした感動も分からなくなっていくのが、浅ましい」（〝そのほど過ぎぬれば、かたちを恥づる心もなく、人に出でまじらはん事を思ひ、夕《ゆふべ》の陽《ひ》に子孫を愛して、栄《さか》ゆく末を見んまでの命をあらまし、ひたすら世をむさぼる心のみ深く、もののあはれも知らずなりゆくなん、あさましき〟）

と、言っています（第七段）。

長生きすると、容姿が衰えるのみならず、欲ばかり深くなって、〝もののあはれ〟も分からなくなるというのです。

こうした老いによる精神的なマイナス面を表すポピュラーなことばが、

〝老いのひがみ〟

です。

〝ひがみ〟とは、心がねじける、ひねくれる、歪む、といった意で、〝老いのひがみ〟というのは、老人ならではの頑固さや認識の誤りを表すことばとして、とくに平安文学に実にたくさん出てきます。

『源氏物語』で、光源氏の敵役の弘徽殿大后《こきでんのおおぎさき》の父右大臣は、

「思ったままを口に出し、しまっておけない性格の上、〝老《おい》の御ひがみ〟（年寄りの頑固さ）まで加わっているので」

光源氏と、ミカドに入内予定の六女朧月夜《おぼろづきよ》の「密会」を、長女弘徽殿にずけずけと訴えた、という設定です（「賢木」巻）。

こういう場合、その場は黙って見過ごして、事を荒立てないというのが平安貴族の常識です。騒げば噂が広まって、娘のためにも不名誉なことになりかねません。ところが右大臣はもとからの性格に〝老の御ひがみ〟が加わって、貴族としての正常な判断力を失ってしまった。それでこの一件を、ミカドの母后として権勢をふるう長女にぶちまけたため、事を大きくしてしまいます。

怒った弘徽殿によって政界から干された光源氏は、自ら須磨へ退いて謹慎。光源氏との関係が世間に知れた朧月夜の入内はいったん宙に浮くものの、処女性がさほど重んじられなかったという時代背景もあり、弘徽殿のごり押しで実現するという展開です（157ページ上の系図参照）。

また、光源氏の孫世代の物語を描く宇治十帖《うじじゅうじょう》では、女主人の大君《おおいぎみ》に結婚の意志がないにもかかわらず、彼女に仕える老女房が、その寝所に薫《かおる》を導いてしまおうと自分たちだけで決めて

しまい、露骨に囁《ささや》いている。そんなことをするのは、思慮が浅いのに加えて、〃老いひがめるにや〃（老いてもうろくしたせいだろうか）（「総角《あげまき》」巻）とあって、大君にとって〃いとほしく〃（気の毒に）見える、と物語にはあります（左下の系図参照）。

主家の貧しさを憂える老女房たちにしてみれば、ミカドの信任厚い薫と大君が結婚すれば、万々歳になるわけで、自分たちの生活の安定のため、女房たちが女主人の寝所に有望な男を導くというのは『源氏物語』ではありがちなことなのですが……。この老女房たちはもうろくしたせいでその計画を人目も憚らずに喋っているというのです。

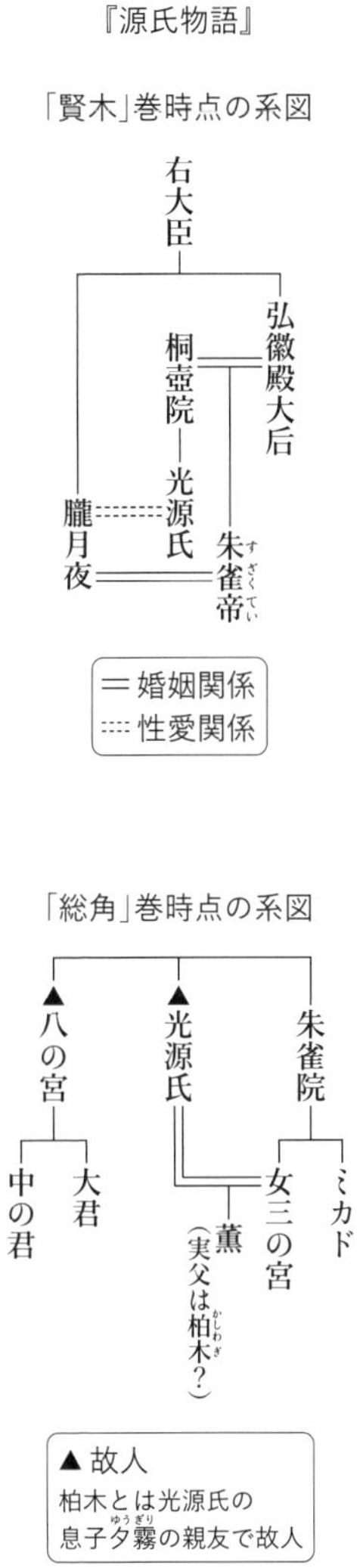

「老人を大切に」という儒教思想がまだ普及していなかった上、美貌至上主義が横行していた平安時代は、老人の醜さや失態・鈍感さをバカにする傾向が強くありました。

『栄花物語』(十一世紀)巻第十六には、小一条院女御《こいちじょういんにょうご》の延子(九八八ころ〜一〇一九)が死んで、その父の大臣藤原顕光《あきみつ》(九四四〜一〇二一)が、

「こんな時に人は法師になるのだろうか」

と言ったので、お仕えする女房たちは、心中、苦笑したとあります。小学館の新編日本古典文学全集の注によれば、

「一時の悲嘆による出家は軽率な行為とされた。顕光の年齢や地位にそぐわぬ軽薄な言を、女房たちは笑う」というわけです。

一方で顕光は、

「今のミカドや東宮はまだ若くて、皇子はおできにならぬはず。次の時代にはこの(延子の生んだ)宮たちがきっと東宮になろう」

と、自分に都合のいい未来を明け暮れ語っているので、

「(延子の)忌中のために籠もっている僧たちは仲間同士でこっそり笑っているに違いない」

とも『栄花物語』は綴ります。

「七十余りになって、こうも万事につけてもうろくし、阿弥陀仏を唱えるでもなく、いつになるとも知れない遠い将来をお考えになっているのは〝をこ〟(愚か)に思わずにいられない」

というのです。

顕光はこの時七十六歳。来世に向けて心を落ち着けてもいいような年なのに、「こんな時に人は出家するのか」と発作的に言ったかと思えば、一方では現世での遠い未来に思いを馳せたりする様が、笑われているわけですが……。

いくらもうろくしているとはいえ、娘を亡くした直後の老父を、こんなふうにあざ笑う感覚は、現代人には理解しかねるところでしょう。

が、先に紹介した鎌倉時代の『徒然草』も、

「夕日の傾きかけたような年齢で子孫を可愛がって、その栄える将来を見届けるまでの命を期待し、ひたすら俗世をむさぼる心ばかり深く、しみじみとした感動も分からなくなっていくのが、浅ましい」

としていたように、年を取ったら、極楽浄土に往生するといった来世に向けて身を引き締めるのが理想とされていた時代、娘を亡くしたのに念仏を唱えるでもなく、孫の将来を期待する顕光は、〝をこ〟（愚か）でしかなかったのです。

そういえば、『徒然草』には、高僧の年老いた有様を尊ぶのは、よぼよぼの老犬を尊ぶのと同じようなものと揶揄するエピソードもあります。

「〝腰かがまり、眉白く〟、実に高徳な有様」で内裏にやって来た西大寺《さいだいじ》の上人を、内大臣の西

園寺実衡《さねひら》がありがたがったところ、後醍醐天皇の寵臣の日野資朝《すけとも》は、

「年を取っているまでのことです」

と言った。さらに後日、〝あさましく老いさらぼひて、毛はげたる〟むく犬を人に引かせて、

「この犬はありがたく見えます」

と、内大臣へ差し上げて皮肉ったのでした（第一五二段）。

平安文学の老人といえば、悪役

こうした冷ややかな老人観のせいか、平安・鎌倉時代の文学では、老人は悪役にされることもしばしばです。

先に見た『源氏物語』の右大臣も、光源氏に敵対する悪役といえますし、「宇治十帖」の大君に仕える老女房たちも、自分たちの生活のため、男を女主人に手引きする悪役のような位置づけです。

儒教思想の普及していなかった平安中期、主家が貧しくなると、若い女房たちは他の働き口を求めて辞めてしまい、あとに残るのはどこでも雇ってもらえないような老人ばかりになるのが常でした。

大君に仕える老女房たちもそのたぐいで、父を亡くしたばかりの女主人が、

「結婚する気になどなれない」

と拒むと、

「〝雲霞《くもかすみ》〟を食べて生きていけますか」

と反論。

大君の意志を無視し、無事、薫をその寝所に導くと、〝老人《おいびと》ども〟は、

「首尾良くいった」

と安心し、大君の妹の中の君の姿が見えないのも大して気にせず、薫のように「見れば〝皺のぶる心地〟のする」ような素敵な男をなぜ嫌うのか、大君は「恐ろしい神にでも取り憑かれていらっしゃるのでは？」などと、

「まばらな歯で可愛げなく」（〝歯はうちすきて愛敬《あいぎやう》なげに〟）などと、

言う者もいた、と、さんざんな描かれようです。

実は、この時、大君は、自分より若くて美しい妹の中の君を「薫の妻に」と目論んで、彼女をひとり寝所に残して、屏風の裏に隠れていたのですが。

女房たちの、ひたすら自分たちの都合を優先した場当たり的な対応が、判断力や感性の鈍った〝老人〟ならではの特性に乗せ、巧みに描かれていて、大君の孤独を際立たせます。

さらに宇治十帖では、物語最後のヒロイン浮舟《うきふね》が薫と匂宮《におうみや》という二人の貴公子の板挟みになって自殺未遂するのですが、瀕死の状態を、六十過ぎの僧都《そうず》（横川《よかわ》の僧都）と五十ばかりの妹尼

『源氏物語』
「手習」巻時点の系図

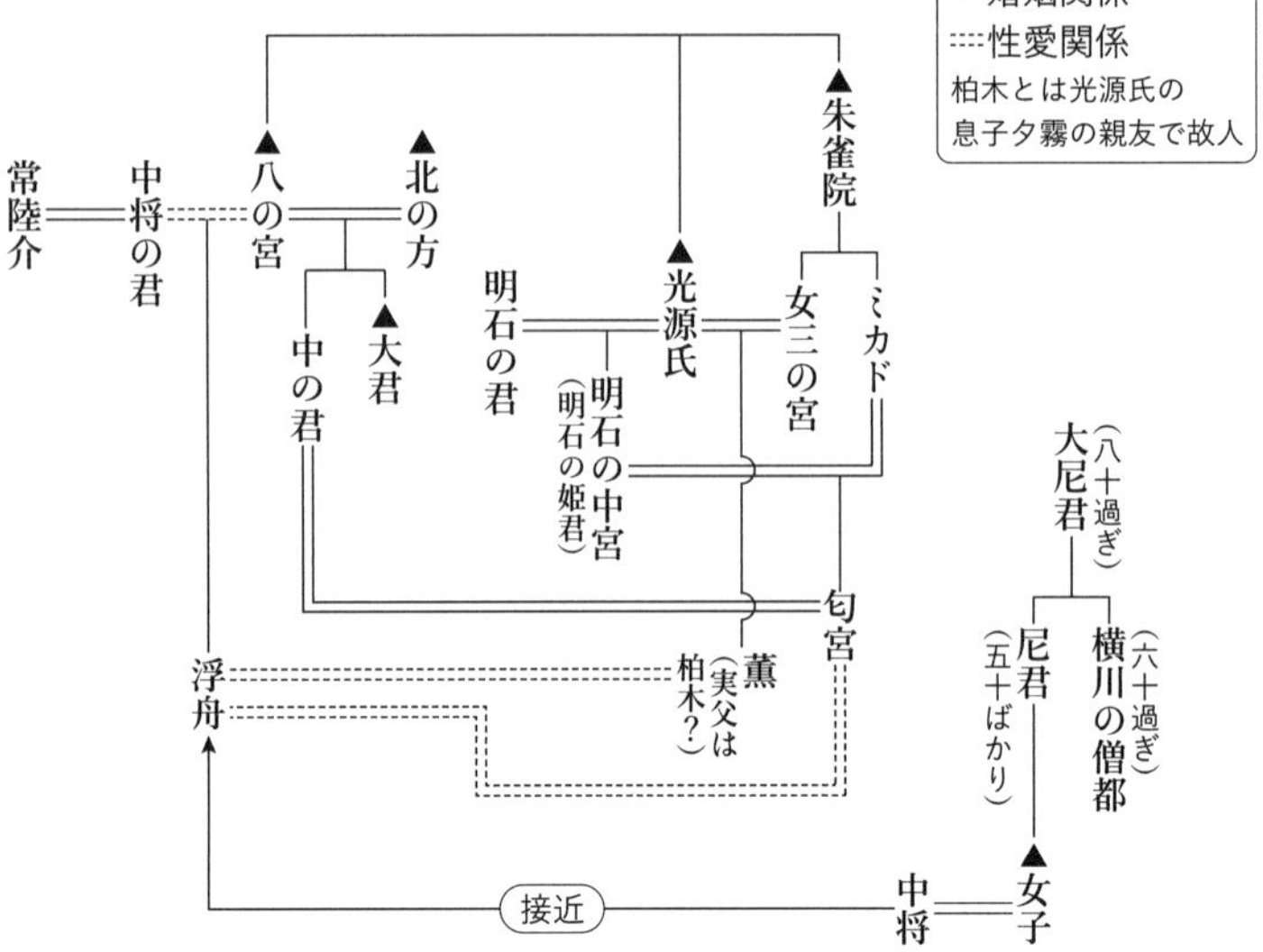

（以下、尼君）に救われます。彼らの八十過ぎの母尼〝大尼君〟が、悪役ではないものの、皆の持て余し者という設定です（「手習《てならい》」巻。上の系図参照）。

尼君たちは小野という山里に、年老いた尼たち七、八人と住んでいたのですが、大尼君は琴を得意げに弾いて座を白けさせたり、同じく老いた尼たちと〝劣らじといびき〟をかきあう。浮舟は、この時、〝中将〟という尼君の亡き娘の婿に言い寄られ、尼たちにもこの高貴な男に応対するよう迫られて、ふだんは覗きもしない大尼君の部屋に逃げ込んでいたのでした。が、〝いびき〟のひどさに、

「今夜、この人たちに食われてしまうのではないか」（〝今宵この人々にや食は

れなん〟)

とおびえます。さらに夜中に起き出した大尼君が、白髪頭に黒いものをかぶった不気味な姿で、「あなたは誰」

と、〝執念《しふね》げなる声〟(執念深そうな声)を出して見つめるので、浮舟は、

「もし死んでいたら〝これよりも恐ろしげなるもの〟の中にいたかもしれない」

つまり、地獄に堕ちて、大尼君よりも恐ろしい鬼どもの中に放り込まれていたかもしれない、とおびえます。

こうして眠れぬまま、今までのこと——実の父の顔も知らぬまま東国で育ったことや、異母姉の中の君に京でやっと会えたこと、にもかかわらず中の君の夫の匂宮に犯され関係を続けることで、姉の中の君にも、愛人として迎えようとしてくれた薫にも、母にも合わせる顔がなくなってしまったこと——などを思い続けた浮舟は、出家を決意するのです。

ほかにも、『落窪物語』の意地悪な継母は、〝落窪の君〟と呼ばれるヒロインを、臭い納戸に閉じ込めて、自分の叔父で、貧しい六十歳の〝典薬助《てんやくのすけ》〟(医療を司る典薬寮の次官)に犯させようとします。典薬助は、第六章で紹介した『今昔物語集』のスケベ名医〝典薬頭《てんやくのかみ》〟と違って無能ですが、

〝たはし〟(淫らで好色)

という設定で、医療関係の役人に好色のイメージがあったことがうかがえます。

落窪の君は、この老典薬助に〝胸〟を触られるなど大変な思いをするものの、油断した継母の隙をついて、家で唯一の味方の侍女や恋人に助けられます。


このように平安文学の老人たちの地位は、はっきり言って「低い」ものです。そしてそれは、いつもあくせく働いて、たまさか子がいれば、邪魔物にされ、姥捨て山に捨てられるのがせいぜいの昔話の老人の地位にも通じるものがあります。

しかし実は、彼らは物語で大きな役割を果たしてもいます。

物語や主人公が閉塞状態に陥った時、次のステージに進むきっかけを作っているのが、ほかならぬ老人たちなのです。

第十一章 閉塞状況を打開する老人パワー

古典文学の名脇役たちと、棄老伝説

物語を急展開させ、主人公を救う老人たち

平安文学では、老人の多くは笑われ役だったり悪役だったり、決して良い役どころを与えられていたとはいえません。

『落窪物語』の典薬助《てんやくのすけ》は、姪である継母の命令で、ヒロインの落窪の君にセクハラを仕掛けますし、『源氏物語』の源典侍《げんのないしのすけ》は四十歳近くも年下の光源氏や頭中将と寝て鉢合わせして、笑われる淫乱女房の役柄です。宇治十帖の〝八十《やそぢ》あまり〟の大尼君は皆に持て余され、いびきのひどさや不気味な言動を地獄の鬼のごとく、ヒロインの浮舟に恐れられるという設定。

彼らのこうした位置づけは、家庭での低い地位を表しています。

が、彼らはいずれも、物語の展開を助ける重要な役目を果たしてもいます。

『落窪物語』の典薬助は、継母を油断させることで、万事休すのヒロイン落窪の君が味方に助け出される機会を与えました。

『源氏物語』の「宇治十帖」の大尼君は、ヒロインの浮舟をおびえさせ、出家を決断させます。

さらに源典侍は、藤壺と光源氏の不倫関係を逆照射する狂言回しのような役割です。

拙著『源氏物語　愛の渇き』でも書きましたが、そもそも源典侍は桐壺帝のお手つき女房だったと私は考えています。桐壺帝は年を取っても女性関係がお盛んで、采女《うねめ》（天皇の食事の世話などを担当）や女蔵人《にょくろうど》（雑役係）といった下級女官でさえ、容貌才気の優れた者をひいきになさっていた。まして采女や女蔵人よりずっと高貴な典侍《ないしのすけ》（天皇への取り次ぎなどを司る内侍司の次官）ならなおさらのこと、彼女は六十近い高齢になっても召し使われ、光源氏と最初に会ったのも、「御湯殿の間《おゆどのま》」で、ミカドの整髪を手伝ったあとのことでした。

その典侍と光源氏はセックスした。

つまり父帝の性の相手（と私は考えます）を犯したのです。

そして、光源氏が犯したもうひとりの父帝の相手……それが藤壺でした。

藤壺と源典侍は、父帝と光源氏が性的に共有するただ二人の女として物語に登場するのです。

そもそも物語の冒頭「桐壺」巻で、愛する桐壺更衣《こうい》を亡くして沈む桐壺帝に、更衣と瓜二つの藤壺の存在を教えた〝典侍〟は、源典侍と同一人物ではないかと私は考えます。

この藤壺の登場によって、物語はぐんぐん進んでいきます。彼女は桐壺帝の最愛の妃となり、しかも桐壺更衣と瓜二つということで、母恋しの光源氏に慕われて、やがて光源氏に犯され不義の子を生み、その子が冷泉帝として即位することで、さまざまなストーリーが展開する。

源典侍は物語の牽引役であるわけで、典薬助、大尼君、源典侍……すべての老人に共通するのは、窮地に陥った主人公や周囲に行動を起こさせることによって、閉塞した物語を転がす役割を果たしていることなのです。

そんな見方で古典文学を読むと、物語を急展開させると同時に、主人公の窮地を救う老人が少なくないことが分かります。

『源氏物語』の明石《あかし》の入道《にゅうどう》は、政敵弘徽殿大后に干されて須磨で謹慎していた光源氏のもとへ、暴風の直後、小舟で乗りつけ、彼を明石の家に誘って、娘の明石の君と結婚させます。こうして生まれた明石の姫君が東宮に入内、生まれた皇子の後見役として光源氏の地位は頂点に達することになります。

『堤中納言物語』の中でも最も古く成立したといわれる「花桜《はなざくら》折る少将」（十世紀後半）という物語でも老人は大活躍します。色好みの少将が、ミカドに入内予定の姫君の誘拐を計画したものの、間違って姫君の祖母である尼を連れて来てしまう。祖母尼は姫君を案じ、その寝所に寝ていたために、結果的に姫君を救うことになるのです。

インド由来の「棄老伝説」に込められた老人パワー

こんなふうに「老人が窮地を救う力がある」という考え方があるのは日本だけではありません。

『雑宝蔵経《ぞうほうぞうきょう》』（二世紀ころ成立、四七二漢訳）巻第一にはこんな説話があります。老人を捨てていたため〝棄老〟と名づけられていた国が、〝天神〟の難問に答えられなければ国も王も滅ぶという国難に見舞われた。その時、大臣の隠していた〝老父〟の知恵で救われたので、棄老の習慣がなくなった。以後は〝仰ひで孝養〟させるようになったというのです。

『雑宝蔵経』は「梵文《ぼんぶん》原本は散佚《さんいつ》して学界に知られてない」（『国訳一切経《いっさいきょう》』「雑宝蔵経」解題）といい、もとはインドで生まれたものです。

似たパターンの話は『枕草子』（一〇〇〇ころ）「社は」の段や『今昔物語集』（一一三〇前後）巻第五第三十二にもあって、『枕草子』は〝唐土《もろこし》〟、『今昔物語集』は〝隣国〟からの難題を、中将や大臣がひそかに隠していた両親や老母の知恵により解いて、国難を救い、棄老の決まりがなくなったという展開です。

捨てられる人の年齢は『枕草子』が、若い人ばかり好むミカドの命令によって老人を殺させていたという話の関係上、〝四十〟以上、『今昔物語集』が〝七十〟以上と違いはありますが、『枕草子』でも実際に国難を救ったのは〝七十近き親二人〟で、「七十歳」というのが、若い人にない知恵をもつ老人の年齢の目安になっていたことが分かります。

「捨てられるはずの老人が知恵で国難を救う」

というインドの経典由来の伝説が、中国や日本でも歓迎された背景には、

「働きもなく、体も不自由になって介護を必要とする、生産性のない厄介者」

という老人に対する共通認識が前提としてまずあるでしょう。

次の第十二章で掘り下げますが、老人に対するこうした見方や冷遇は、「無文字社会」と呼ばれる未発達な貧しい社会では、実は一般的でした。

そうした役にも立たないと見なされ捨てられ殺されていた、つまり邪魔物扱いされていた老人が、「国難を救うことで大事にされる」という「逆転劇」の面白さが喜ばれたわけです。

そういえば、今まで何度も登場した『万葉集』（八世紀後半）巻第十六の〝竹取の翁〟が九人の乙女たちに贈った長歌の末尾はこう締めくくられていました。

「いにしえの賢い人も、後の世の教訓にしようと、老人を捨てに行った車を、持ち帰ったとさ、持ち帰ったとさ」（〝古《いにしへ》の　賢《さか》しき人も　後《のち》の世の　鑑《かがみ》にせむと　老人《おいひと》を　送りし車　持ち帰りけり　持ち帰りけり〟）。

だから、お嬢様方も、私のような老人を見捨てないで、と言いたいわけです。

日本古典文学全集『萬葉集』四の校注によれば、この車の話は中国の『孝子伝』の故事に基づいているそうで、原穀という人の父が、自分の父を〝厭ひ患へ〟（嫌って苦にした）ため、原

穀に命じて〝輦〟（手で引く車）を作らせ、祖父を乗せて山に捨てさせた。その手車を原穀が持ち帰ると、父が、

「なぜこんな縁起の悪いものを持って帰ってきた」

と怒るので、原穀は、

「お父さんが老いて捨てる時にまた作らないで済むから」

と答えた。それで、父は反省し、山中に親を迎えに行ったといいます。

「姥捨て山」説話の四パターン

この手の説話は第三章「家族の中の老人の孤独」でも触れたように、昔話にも「姥捨て山」説話としてたくさん見えます。

今まで何度も触れてきた「姥捨て山」説話というものをこのついでに分類してみると、

一 「捨てられた老人が何かの助けで金持ちになり、真似をした息子や嫁が死ぬ」タイプ（第三章で紹介しました）

二 「老人を捨てた道具を孫が持ち帰ろうとして、自分もいずれ捨てられると悟った子が老親を捨てるのを思いとどまる」タイプ

三 「老人を捨てよという国の決まりやお上の命令に反し、捨てられなかった老人の知恵が国

を助ける」タイプ

四　「捨てられる老人が子を思いやり、道に迷わぬように配慮したために、反省した子が捨てるのを思いとどまる」タイプ

などがあり、このすべてのタイプが昔話の中に見えます。

古典文学でいえば『万葉集』の歌のもととなった中国の『孝子伝』はタイプ二、『雑宝蔵経』の棄老国に源流のある『枕草子』や『今昔物語集』の話はタイプ三です。

注目したいのはこれら姥捨て山説話で、老人を捨てるのを思いとどまる時の、子なり国王なりの感情です。

タイプ三の棄老国で老親をかくまった人の心中には、

「親を捨てるのは忍びない」

という「肉親の情」があったのですが、国単位で「老人を捨てないことにしよう」という説得力を持たせるには、

「老人の知恵は国難を救う」

という「メリット」がなければなりませんでした。

そしてタイプ二の『孝子伝』で老親を捨てた人は、さらに露骨に、

「自分も捨てられたら嫌だ」

という「自己防衛の気持ち」から、捨てた老親を迎えに行きました。

「生産性のない老人を捨てない」理由として、「肉親の情」のほかに、「メリット」や「明日は我が身という危機感」を必要とした。そんな物語が好んで語られた昔の社会というのも過酷なものですが、第三章で紹介したように、この手の話が古典文学にとどまらず、北は青森から南は鹿児島まで、日本全国に広がって昔話として語り伝えられていた背景には、貧しさや福祉の手薄さといった前近代ならではの厳しい状況のほか、今に通じる「共感性」、「その気持ち、分かる」という読み手の思いがあると思うのです。

そしてこの「共感性」という点で、読み手の心を最も揺さぶると思われるのがタイプ四、『日本昔話通観』では「枝折《しおり》型」と名づけられているタイプです。

「姥捨て山」説話はなぜ全国的に広まったか
——共感を呼ぶ子供側の気持ち

「枝折型」の昔話とはこんな話です。

息子が老親を山に捨てに行くと、老親が途中で枝を折っている。「何をしているのか?」と息子が問うと、「お前が帰る時、道に迷わずに済むための目印に」と老親が答えたので、息子は反省して、老親を捨てずに家に連れ帰るのでした(『日本昔話通観』第三巻「岩手」、第十巻「新潟」、第十一巻「富山・石川・福井」、第十二巻「山梨・長野」など)。

息子が老親を捨てる理由は、食べ物がない、年寄りは捨てろという殿様の命令や村の決まりによるなど、話によってバラエティがあり、反省した息子が泣くバージョンなどもありますが、いずれにしてもこの話には、老親に対して揺れ動く子供側の気持ちが巧みに描かれています。

親というのは子供にとって生まれた時からつきあっている存在ですから、良きにつけ悪しきにつけ、子供の心にはさまざま感情がしみついている。結婚して家庭を築けばそちらの生活が主になって、配偶者や子供や自身に関してさまざまな問題が起きる中、自身もだんだん年老いて、心身共にしんどくなってきます。そこへ老親が倒れるなどして介護問題が湧き上がり、病院や近所の人から何度も電話がかかってきたり、介護施設に入る場合は施設選びやお金の問題など、やることが山のように発生する。そうすると、理不尽なことで叱られたり叩かれたりといった親との悪い思い出がよみがえり、めでたいはずの親の長生きも、

「一体いつまで生きるんだろう」

という不安の種になってきます。

それは必ずしも、世話をするのがつらいとか、ぼけた親の相手をするのがストレスになるといったことだけでなく、賢く頼もしかった親が別人のようになってしまった姿を見るのが苦痛だという思いもあるのです。

同時に、そんな気持ちになってしまう自分を子は責めるものです。親を邪魔に思う自分に良心の呵責《かしやく》を覚え、かつて絵本を読んでくれたり、暑い夜、うちわで扇いでくれたこと、一緒に

セミ捕りをした……といった親との良い思い出が今度はよみがえり、今すぐにでも親元に飛んで行って、その膝にすがりたい気持ちになる……。

タイプ四の「姥捨て山」の息子の心理はこのあたりの子供の心理に重なるものがあります。年老いた親は厄介だと思っていたところへ、殿様の命令なり嫁の意見なり村の掟なりがあって、「可哀想だけど」と捨てに行く。すると親の思いがけぬ優しいことばに、一気に親への愛着がよみがえる……。

そもそも、子供は生まれた時から、親に対して「愛着」と「拒絶」のあいだを行ったり来たりしながら、独立していくものです。

こうした、親へのアンビバレントな気持ちが、「姥捨て山」、とくにタイプ四の、子供が反省して親を連れ帰る話には描かれていて、共感を呼ぶのです。

苦労して育てた子供に捨てられる親のみじめな思いもさることながら、「親を捨てる」という究極の選択をした子供の葛藤が、読み手の心に響くからこそ、「姥捨て山」説話は全国的に広がるほど受け入れられたのだと私は考えています。

老人と同じく生産性のない存在としては「子供」がいて、こちらは「将来性」という意味では「老人」よりまさっているものの、江戸時代以前には「捨て子」が日常茶飯事で、綱吉の「生類憐れみ」政策の一環としてやっと禁じられたことは拙著『本当はひどかった昔の日本』

で紹介しました。

伝説にとどまっていた老人遺棄に対して、捨て子のほうは現実に横行していたのです。生産性がないという点で、家族や社会の「お荷物」とされていたこの「老人」と「子供」、昔話ではお馴染みの登場人物で、「姥捨て山」説話のタイプ二では、親が捨てた祖母なり祖父なりを運んだ道具を「親を捨てる時に使うから」と、子供が持ち帰ろうとすることで、親を改心させ、祖父母を救う役割を果たしています。

彼らの共通項は「社会の弱者」ということであり、「社会での地位の低さ」です。

そして一つにはこれこそが、老人が物語で活躍する要因であると私は考えています。

第十二章 「社会のお荷物」が力を発揮する時

昔話はなぜ老人が主役なのか

未開社会の老人は「社会のお荷物」

昔話を読むにつけ、そのメインの登場人物である老人の貧しさや孤独、社会や家族の中での「地位の低さ」を痛感する結果となりました。

それは序章で紹介した縄文時代や、現代の「未開社会」つまり縄文時代と同様の「無文字社会」における老人の「低い地位」に重なります。繰り返しになりますが、そこでは、

「健全な老人は、尊敬・愛着の対象」

となるものの、

「いったん老人に心身の衰えや、老衰・痴呆などの症状が現れ始めると、彼らは社会のお荷物となり、冷たくあしらわれることになる」(青柳まちこ「老いの人類学」)

という現象がありました。

序章でも触れたように、人類学者のシモンズが一九四五年に出版した本によれば、取り上げられた七十一の無文字社会（未開社会）のうち、老人遺棄に関しては、情報のある三十九社会中、十八社会が実施。老人殺しは情報のある四十四社会のうち「頻繁にある」「かなり頻繁に存在する」が十一社会、「時として存在する」が同じく十一社会あったといいます。

対象となったのは、それまで出版された膨大な民族誌をファイルした資料集成であるといい、古い資料もあるのでしょうが、未開社会ではこれほどまでに老人遺棄や殺人が行われていたとは驚きです。

とりわけ定住していない採集民や狩猟民など、食の供給が不安定な社会でこうした傾向が見られるといい、昔話の老人像を見てきた私としては「やはり」という気持ちでした。

まだ日本に文字のなかった時代から語り継がれてきた昔話。

そこに描かれている老人は、現代人のイメージする老人像とは違うことは「はじめに」で述べました。

第一に、昔話では子や孫のいない老人が大半。

第二に、昔話の老人はたいてい貧乏で、いつもあくせく働いている。

第三に、昔話の老人は子や孫がいても、「姥捨て山」説話に代表されるように捨てられるなど「冷遇」されていることが多い。

第一章や第二章で触れたこととも重なりますが、おさらいすると、柳田國男の『日本の昔話』全百六話中、老人が何らかの形で出てくる話は四十八話。

そのうち老人が主人公なのは二十八話。

この中で、老夫婦の二人暮らしは十三話、一人暮らしが五話、一人暮らしとは明記されないものの単身の老人の話が六話、独り身の老人が子供と暮らしている話は四話で、三世帯同居の話はゼロ。

働く老人の話は十七話で、六割強が働いている（その中でお婆さんも働いているのは四話）。仕事の中身は、生業が分かる十五話中十一話（約七十三%）が山仕事。

二十八話中、もともと金持ちだった老人が主人公の話はゼロです。

昔話に見える老人たちの生業は縄文時代さながら不安定で、「語り手」自身が貧しかったり、古い日本の貧しさを記憶する庶民階級であることを想像させます。

そうした語り手たちが、昔話の主人公に「老人」を選んだのは、大きく分けて二つの理由があると私は考えます。

老人の強み——知恵と知識

一つめの理由は老人の「社会的地位の低さ」です。

有力な働き手となり得ない非力な老人は、貧しく不安定な社会では、基本的に「社会のお荷物」です。

そんな「地位の低い老人」が、「笠地蔵」の老夫婦のように神仏の助けで金持ちになったり、「花咲か爺」や「舌切り雀」の爺のように動物の助けで豊かになったり、あるいは「姥捨て山」説話の老親のように知恵の力で危機を免れるという昔話の展開には、「逆転劇」の面白さがあります。

こうした構造が、インドの経典に源流のある古典文学の棄老国の話にも見られます。棄老国の老人は、国王の命令でことごとく捨てられる決まりになっていました。いわば社会に無用の者と見なされていたわけで、その地位は最低最悪のものでした。そんな社会の最底辺の老人が、若い者にはない「知恵の力」で国難を救う。それによって棄老の習慣がなくなり、以後は〃仰ひで孝養〃されるようになる。

そこに物語の面白さがあるわけで、同じような構造は、昔話の姥捨て山説話でも多く見られました。

最底辺の老人が、閉塞状況を打開させる役割を担い、仰ぎ見られるという逆転劇を実現する大きな要因は、長く生きた老人ならではの「知恵と知識」のせいでしょう。

「長くとも四十歳にならないうちに死ぬのが見苦しくない生き方であろう」（第七段）と言った『徒然草』も、第一七二段では、

「老いて〝智〟が若い時よりまさっているのは、若い時の容姿が老いた時よりまさっているのと同様である」

と、老人の特徴として〝智〟をあげています。

老人が「知恵や知識の象徴」と見なされていることは、昔話の多くの語り手が老人であることとも関係します。

『万葉集』巻第三には、持統天皇に物語を語る〝志斐嫗《しひのおみな》〟という老女が登場します。

「いやと言っても、強いる志斐の嫗の聞かせる強《し》い話。このごろ聞かないので恋しくなった」

（〝否《いな》と言へど　強《し》ふる志斐《しひ》のが　強《し》ひ語《かた》り　このころ聞かずて　朕《あれ》恋ひにけり〟）

と、持統天皇が歌うと、志斐嫗は、

「いやと言うのに、語れ語れとおっしゃるからこそ、志斐めはお話し申すのです。それを強い話などとおっしゃるとは」（〝否と言へど　語れ語れと　詔《の》らせこそ　志斐いは奏《まを》せ　強ひ語りと言ふ〟）

と返す。

〝志斐嫗〟の年齢も、彼女が天皇にどんな物語を語っていたかも不明ですが、天皇の身辺近くに、物語を語る老女が仕えていたという事実は、「語り手としての老人」を考える時、興味深いものがあります。

「語り手としての老人」は古典文学の構成にも使われます。有名なのが、平安後期の『大鏡』の大宅世次《おおやけのよつぎ》（世継）と夏山重木《なつやまのしげき》（繁樹）。

『大鏡』は、三十歳くらいの侍が、この、百九十歳と百八十歳というべらぼうな高齢の翁二人と媼（重木の老妻）から、歴史語りを聞くという形で、百八十年近くにわたる歴史を、文字通り見てきたように綴ります。

知識量の多い老人は「物語の語り手」としてだけでなく、故事や過去の歌などを問い合わせるのにはうってつけな存在で、後白河院（一一二七～一一九二）は『梁塵秘抄《りょうじんひしょう》』（一一六九～一一八〇ころ）という今様《いまよう》（流行歌）集を編んでいますが、その時、不明な節や歌詞を、〝乙前《おとまへ》〟という老傀儡女《くぐつめ》から習っています（乙前の詳細については第十六章「実在したイカす老人」をご覧ください）。

鈍さ、醜さ、体力のなさ……老人の「弱点」が物語を動かす

「鈍感力」ということばが一時期、流行りましたが、認知能力が衰えているという老人の特徴も、閉塞状況を打開し、「逆転劇」をもたらす要素となっています。

『源氏物語』の「宇治十帖」のヒロインの浮舟がそれまで望んでもなかなかできなかった出家を実現できたのは、八十を超し、いささかぼけている大尼君（横川の僧都の母）のおかげでした。

男たちとの恋に疲れ、自殺未遂した浮舟は、横川の僧都に救われて、僧都の妹の尼君や母の大尼君ら七、八人の尼たちの世話になっていました。そして出家を望むようになりますが、いつも世話してくれる尼君（僧都の妹）や他の尼たちは「とんでもない」と許してくれません。

そこで尼君が留守のあいだに出家してしまおうと考えた浮舟は、大尼君に言うのです。

「ずっと気分が悪くて仕方ないのですが、僧都が山を降りていらしたら、戒《かい》をお受けしたいと存じますから、そのように申し上げてください」

大尼君は、〝ほけほけしう〟（いかにももうろくした感じで）うなずいて、息子の僧都に会うと、浮舟に言われたままのことばを伝えてしまいます。

それは大尼君がもうろくゆえに、そのことばの意味するところの重大さを理解できなかったからという設定なのですが、だからこそ浮舟は出家できたのです。

これが僧都の妹の尼君や他の尼であれば「とんでもない」となるところで、事実、出家の儀式の途中、尼が止めに来ますが、僧都が制したのでどうにもなりませんでした。また、男に狙われる浮舟が、大尼君の部屋に逃げ込むことで、男の魔の手から逃れることができたのも、心身共に老醜している大尼君の部屋には、同じような年配の尼以外、近寄らなかったからです。


老人……とりわけ老女は、このように若い女を救うことがあります。

「花桜折る少将」で孫娘の身代わりにさらわれた祖母もその一人（第十一章）。

昔話や御伽草子の「姥皮」の姫が幸せな結婚を遂げたのも、かぶると婆の姿になる皮を得て、つまり「老醜」の力で貞操の危機を免れたからです（第十章）。

昔話や古典文学は、マイナス要素であるはずの老醜さえ、時に武器になると教えてくれます。

老醜だけではありません。

老人ならではの体力のなさも、物語を突き動かし、主役の運命を不幸から幸へ、貧から福へ、逆転させる原動力となります。

『落窪物語』の六十歳の典薬助は、姪である継母の差し金でヒロインの閉じ込められている納戸に入り、彼女を犯そうとするものの、肝心な時にいびきをかいて寝入ってしまったり、寒さで下痢をしてしまいます。いわば老人ゆえの体力のなさでヒロインを我が物にすることができず、しかも継母は「典薬助がいるから」と油断している。おかげでヒロインは、隙をついた侍女や恋人に助けられ、幸せな結婚をすることができます。

このように老人は、共同体での地位の低さゆえ、心身の衰えといった弱点ゆえに、思わぬダークホースとなって物語を動かします。

そもそも「弱い者」が、強い者を倒したり、主役を助けたりといった「意外な力」を発揮して、その存在感を示すというのは古今東西の物語のパターン。

『イソップ寓話集』のネズミが猟師に捕らえられたライオンの縄を嚙み切って助けたり、小さな「一寸法師」が大きな鬼を針で退治するのもこのたぐいです。

老人が物語で重要な役割を担うのも、こうした逆転劇の面白さを際立たせる「弱者」だからでしょう。

しかしそれだけの理由で、昔話の主役に老人が選ばれるとは思えません。

昔話の主役が老人である二つめにして最大の理由、それは、「老人そのものがもつ物語性」です。

第十三章

昔話ではなぜ「良い爺」の隣に「悪い爺」がいるのか

老人の二面性と物語性

老人には長い人生にふさわしい「物語」がある

昔話には「隣の爺型」と呼ばれるタイプがあります。

「良いお爺さん」の「隣」に「悪いお爺さん」が住んでいて、良いお爺さんが知恵や親切で神や動物の恵みを受け金持ちになったのを羨んで、中途半端にその行動を真似し、ひどい目にあうというパターンです。

柳田國男の『日本の昔話』でも、老人が主人公の二十八話中八話は「隣の爺型」です。

悪いお爺さん（お婆さん）は、大やけどをしたり、血だらけになったり、死んでしまったり、怪我はしないまでも結果は必ず失敗に終わります。

良いお爺さんと悪いお爺さんは共生できないという昔話の世界の世知辛さ、競争原理の厳しさは、縄文時代にも通じる貧しい過去の記憶に基づいているのかもしれませんが、妙な現実味があります。

いずれにしても、老人がこのように、はっきりとした善悪の象徴として描かれるのは、老人そのものがもつ極端さ、年と共に「極端化するキャラクター」に起因するでしょう。

人は生まれてきた時は……赤ん坊の時はみな似たようなもの、見分けがつかないものなのに、歴史を経てきた老人は、見た目も中身も生き方も互いに別の生き物のように違うものです。

年を重ね経験を積むにつれ、怒りっぽい人はより怒りっぽく、優しい人はより優しく、「個性」が特化して、所得格差も開き、境遇もバラエティに富んでいきます。

一九九〇年代の大半を「変人を探しもとめ」る旅に費やしたという都築響一は、日本中で出会った変人のうち、

「もっともクリエイティブというか、多産にしてオレサマ人生を疾走していたのは、なぜか圧倒的にじいさんなのだった」（『巡礼〜珍日本超老伝〜』）

といいます。

さもありなん。

老人には、その長い人生にふさわしい、変化に富んだ「物語」があります。

体についたシラミをかじっていたら米を食べていると嫁に告げ口されて、姥捨て山に捨てら

れるのも年老いて弱くなったからです。

昔話の老人はしばしば白い鬚《ひげ》と白髪を生やした「神」、あるいは「鬼」としても登場しますが、神の威風を備えるのも年の功、鬼と見まがう異様な言動を見せるのも年を取って認知が衰えてきた老人ならでは、です（このあたりについてはあとで触れます）。

賢かった人も人にだまされて金を取られるほどぼけてしまったり、天女のように麗しかった美女が地獄の鬼婆と見まごうような姿になるのも、長く年を重ねた老人だからこそ。

老人ほど、容姿・言動・性格において、変化に富んだ存在はありません。

それは一個人の歴史を見てもそうですし、老人同士を比べても、「これが同じ人間なのか」と驚くほどです。

老人は「キャラクターが立っている」のです。

そういう極端さが、神にも鬼にもなり、「いいお爺さんと悪いお爺さん」という書き分けにつながっている。

昔話が語り口の面白さにあるとしたら、こうした老人ほどふさわしい存在はないでしょう。

極端な善悪を表現しうる老人の存在感

昔話に描かれる老人の二面性は、実は、人間誰もがもつ二面性の象徴でもあります。

たとえば熊本県に伝わる「はなたれ小僧様」の話はこうです。薪を売って暮らしている正直者のお爺さんが、ある日、薪が少しも売れないので、町はずれの橋の上から「龍神様に」と言って薪を投げ込んだ。すると水の中から龍神様の使いの者が出てきて、「毎日、えびなますを食わせると、どんな願いでも叶えてくれる」と、汚い「はなたれ小僧様」をくれた。こうしてお爺さんは金持ちになりますが、そうなると、毎日えびなますを作るのが面倒になり、

「もう龍神様のところへ帰ってください」

と小僧様に言ったところ、小僧様はしょんぼりとして出て行って、シュンと鼻をかんだ。と、家も蔵も金も、すべてなくなってしまうのでした（『日本昔話通観』第二十四巻「長崎・熊本・宮崎」）。

正直者の信心深いお爺さんが、金持ちになると、はなたれ小僧様への感謝をなくし、もとの貧乏に戻ってしまうのです。

第五章で紹介した姥捨て山説話の一種「婆の新生」の孝行息子が、嫁をもらうと、老母を捨てる鬼のような人間になるのと同じこと。

状況によっては、鬼にも神にもなるのが人間です。

そして、そうした極端な善悪を表現するのが物語の基本です。

紫式部は『源氏物語』で、光源氏にこう言わせています。

「人を良いふうに表現する場合には良いことの限りを選んで書き連ね、人の関心に応じるためにはめったにないような悪いことを書き連ねる。その良いことも悪いことも皆それぞれに、こ

の世の現実の出来事と無縁なことではないのだよ」（〝よきさまに言ふとては、よき事のかぎり選《え》り出《い》でて、人に従はむとては、またあしきさまのめづらしき事をとり集めたる、みなかたがたにつけたるこの世の外《ほか》の事ならずかし〟）（「螢」巻）

物語に描かれる「善悪」は極端だが、それは人に受けるためにしていることで、すべては現実の反映というわけです。

こうした人間の二面性を表現するのには、極端化したキャラクターの持ち主である老人ほどふさわしい存在はない、と私は考えます。

しかも老人は、極端な善悪を表現しても負けないキャラクターを持っている。

派手な服、立派な服を着ると、よく「服に着られている」「服に負ける」という言い方をしますが、極端な善や悪に食われないのは、年を得た老人だからこそ。年若い兄ちゃんを神の化身といわれても説得力に欠けますし、少女が人を食う鬼と聞いても今一つ凄みが足りません。老人だから、神も鬼も似合うのです。

なぜ鬼爺とは言わず「鬼婆」と言うのか――昔話に潜む女性差別

一方で、老人を鬼に仕立て上げるのは、一種の「老人差別」からくるものではないかという気もします。

しかも「鬼婆」ということばはありますが、「鬼爺」ということばは聞きません。老人の中でもとくに女のほうが鬼として描かれることが多いのは、そこに老人差別に加え、「女性差別」があったからではないでしょうか。

『今昔物語集』（一一三〇前後）には年取った親がずばり〝鬼〟になったという話があります（巻第二十七第二十三）。

猟師の兄弟が山中の木に登って獲物を待っていたところ、頭上からもとどりをつかむ者がいたので、その手を切り落としたら老人のものだった。兄弟が帰宅すると、ふだん〝立居《たちゐ》〟もままならず、兄弟によって別室に隔離されていた老母がうめいている。

様子をうかがうと、

「お前らは」

と言ってつかみかかろうとしたので、

「これは母上の手ですか」

と、切り落とした手を部屋に投げ入れて、戸をぴったり閉めて逃げ去った。

間もなく母が死んだので兄弟がそばに寄ってみると、母の片手は手首から切り落とされて無くなっていた。それで山中で兄弟を襲ったのは、立ち居もままならぬはずのこの母であることが分かったのです。

『今昔物語集』の編者によれば、

「これは、母がひどく老いぼれて〝鬼〟になって子を食おうとして、あとをつけて山に行ったのであった」といい、

「人の親がひどく年を取ると、必ず鬼になってこうして子をも食おうとするのであった」（〝人の祖《おや》の年痛《としいた》う老たるは必ず鬼に成《なり》て此《か》く子をも食はむとする也《なり》けり〟）

と結論づけています。


　鬼になった老母より、親が年取ると〝必ず〟鬼になると断言しているところが私は恐ろしく感じますが、昔話にもこれとよく似た「弥三郎婆」とか「鍛冶屋の婆」といった話があります。

「弥三郎婆」は新潟県に広がる昔話です。弥三郎という猟師が猟に出て、何者かに首筋をつかまれたので、その腕を切って帰宅すると、老母が臥せっていた。翌朝、母はおらず、血痕があったので、それをたどっていくと、昨日、首筋をつかまれて何者かの腕を切った場所に続いていたことから、弥三郎は母が鬼女であったことを知るという筋です。

　ほかにもこんなバージョンがあります。

　弥三郎の婆がある日、突然、人が変わったように悪い性格になって、近所の人は「鬼婆」と呼び、弥三郎は心を痛めていた。そんなある晩、弥三郎は狼に襲われ、木に逃げ登ると、狼が、

「弥三郎婆を連れて来よう」

と言って鬼婆を連れて来た。鬼婆は狼と共に木に登って弥三郎を襲おうとしたが、弥三郎が鬼

婆の額を鉈《なた》で切りつけると、鬼婆は狼と逃げて行った。が、弥三郎が帰宅したところ、老母が額に鉢巻をして寝ている。翌朝、弥三郎の妻が、

「婆が赤ん坊を食っている」

と言うので、弥三郎が、

「子を食う奴は親ではない」

と老母に切りかかると、老母は鬼になって飛び出して行った。老母の部屋の床下からは老母の死体が出てきて、老母だと思っていたのは鬼が化けていたものだと知るのでした（『日本昔話通観』第十巻「新潟」）

一方の「鍛冶屋の婆」は全国的に広がる昔話です。飛脚が山中で狼に襲われ、木に登ると、狼が前の狼の背に次々乗って「狼梯子《おおかみばしご》」（犬梯子）というものを作って飛脚を食おうとするが、あともう少しのところで届かない。狼どもが「鍛冶屋の婆を呼んで来い」と言うと、大狼が来て襲いかかるので、飛脚が大狼を切ると、狼どもは逃げて行った。翌日、気になった飛脚が付近の鍛冶屋を訪ねたところ、そこの婆が負傷していた。人々が疑いをかけているうちに、婆は行方不明になったというもの（柳田國男『桃太郎の誕生』など）。

『今昔物語集』にしても昔話にしても、老母や鍛冶屋の婆といった身近であるはずの存在が、実は鬼であったり、狼の仲間であったり、あるいは鬼と入れ替わっていたりという、思いも寄らぬ別の顔をもっているというのが、日常に潜む恐怖を物語るようで恐ろしいのです。

しかし私がさらに恐ろしいと感じるのは、そうした老母や婆に対する息子や人々の扱いです。これらの話ではいずれも、襲われた側は大した怪我もなく助かっているのに、襲った側である老母や婆が大怪我をして、あるいは放置されて死んだり、行方知れずになったのを捜索もされずに済まされています。

これは一種の「老人虐待」、「介護放棄」ではないでしょうか。

『今昔物語集』や「弥三郎婆」の猟師の母は、今でいう認知症になって、徘徊したり、時に我が子のことも忘れたり、感情のコントロールができなくなっていたとしか思えません。認知症が進むと、排泄物をこねたり、「異食」といって排泄物を含めた周りのものを手当たりしだい食べてしまうといった症状が出ることもあります。鬼婆になった老母が子や孫を食おうとするのも、これなのではないか。こうした症状を、〝鬼〟と表現しているのではないか……。

そういえば、滝沢馬琴が珍談奇談を全国から集めた『兎園《とえん》小説拾遺』（一八三二）にも、文政十一（一八二八）年に実際にあった話として、七十を超す〝老女〟の死体に〝老狸〟が取り憑き、暴飲暴食したり歌を詠んだりしたとあり、年老いた動物が化けたり人に憑いたりといった話は数え切れないほどあります。

実はそうした話は、認知症で性格が変わってしまったり、今食べたことも忘れて暴食する老人に戸惑った昔の人が、「狸が憑いた」あるいは「狸と入れ替わった」という理由をつけて納得しようとして発生した物語であるように思えます。

翁が神イメージが強いのに対し、老女には鬼イメージが強いようで、『今昔物語集』には、特定の夫もないまま妊娠した女が、山中の荒れ屋の老婆にお産を手伝ってもらうものの、生まれた赤子を見た老婆が、

「ああうまそう。ただ一口じゃ」（〝穴甘気《あなむまげ》、只一口《ただひとくち》〟）

と言ったような気がして、逃げ出す話もあります（巻第二十七第十五）。

これなどは女の妄想としか思えないのですが、旅人を泊まらせては殺して食ってしまう「安達ヶ原の鬼婆」説話につながる、「老女の鬼イメージ」の典型でしょう（195ページの挿絵は幕末から明治にかけて活躍した月岡芳年《つきおかよしとし》の「奥州安達がはらひとつ家の図」）。

老女が鬼につながりやすいのは、「子を生めない女は不要」といった女性蔑視の思想が潜んでいるように思えてなりません。

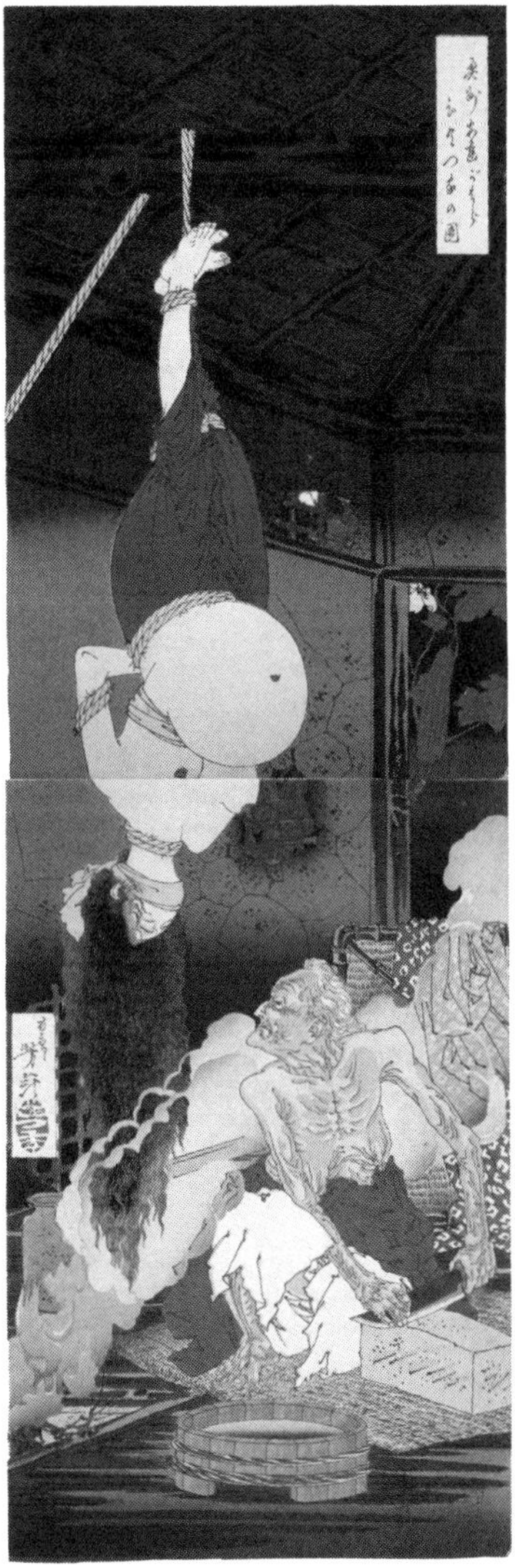

月岡芳年「奥州安達がはらひとつ家の図」
（国立国会図書館デジタルコレクション）

奥州の安達ヶ原の黒塚には鬼が住んでいるという伝説があり、平安時代から歌に詠まれ、物語にも綴られていた。民間伝承では、京の姫に仕える乳母が、姫の病気に胎児が効くというので陸奥に来て妊婦を殺したところ、その妊婦は生き別れの娘と分かり、発狂して鬼婆になったという話が広く受け入れられている（片平幸三編『福島の民話』など）。絵は鬼婆が妊婦の腹を裂こうと包丁を研いでいる図。

第十四章

昔話はなぜ語り継がれるのか

『源氏物語』の明石の入道・尼君夫妻が子孫に伝えたこと

昔話の目的

なぜ昔話には老人が多いのか。

それは大雑把にいえば、社会的地位の低い老人が、長い人生を経た老人ならではの知恵や、認知能力の衰えからくる鈍感さ・体力のなさといった、これまた老人ならではの特徴によって成功をおさめるという「ギャップの面白さ」「逆転の面白さ」があるからです。

また、「老人そのものがもつ物語性」、極端化した老人のキャラクターが、人の極端な善悪、二面性という真理を語るにふさわしいということもあります。

そしてもう一つ、これは昔からよくいわれることですが、昔話の語り手が老人だったということも関係しているでしょう。

語り手と主役はしばしば重なるものです。

語り手が老人であれば、その内容も老人の知識や体験に基づくものになります。

老人の語る「昔話」自体、老人が上の世代から受け継いだ「知識」がもとになっているわけで、そうした老人の知識に加え、老人自身の「体験」が昔話にはにじみ出て、登場人物も自然と老人が多くなるわけです。

私はこれに加えて、「昔話の目的」とは何か、その答えを考えることが、すなわち昔話に老人が多い答えに重なるとも考えます。

「昔話はなぜ語られるのか？」

それはつき詰めると、

「コミュニケーション」

の問題に行きつきます。

子孫や共同体の人々に自分たちの国や家族の歴史を伝えたい、知恵や知識や感動を伝えたい……そうした目的もさることながら、昔話を語ることによって、聞き手との交流をはかる。

退屈な夜のひととき、あるいは、いろりを囲んで夜なべをする子や孫に、老人がそれまでの経験から得た話、近所の噂話から得た話、自分が子供時代にやはり老人から聞かされた話を、伝える。

その時、話の主役は自然と老人そのものに重なっている。

序章で触れたように、昔話には「フィクションの昔話」に加え、「年寄りが昔を思い出して語る過去の話」という意味がありますが、語るうち、話が深まるうちに、「老人が受け継いだ物語の知識」と「老人自身が体験した昔の話」が渾然一体となって、そこから若い人たちは「世間というもの」や「生きる知恵」を得たと思うのです。

『源氏物語』の明石の入道・尼君夫婦が子孫に伝えたこと

その意味で、『源氏物語』の明石の入道・尼君夫婦は、偉大な語り手でした。

須磨で謹慎していた光源氏（当時二十七歳）は、明石の入道（同六十歳ほど）によって明石に迎えられると、〝昔物語〟などをさせて、〝つれづれ〟を紛らわします。

『源氏物語』における〝昔物語〟ということばは、現在の「昔話」同様、「フィクションの昔話」という意味と、「年寄りが昔を思い出して語る過去の話」という意味での、二つの使用例があります。入道の例は後者に当たりますが、語り手が聞き手に与える影響……知識や娯楽性、語り手と聞き手の心の通じ合い……という点では、両者のあいだに大差はなかったことが『源氏物語』からはうかがえます。

入道は、光源氏が京にいて公私多忙だったころであれば、十分には聞けなかったような〝世

の古事《ふるごと》ども〟（世の中の古い出来事の数々）もぽつぽつと話してくれるので、

「こんな土地に来て、こういう人に出会わなかったら、物足りなかっただろう」

と思うまでに〝興あり〟（面白い）と、光源氏は感じています（「明石」巻）。

「前例」によって政治を動かしていた平安貴族にとって、古い出来事を知ることはとても重要です。入道は、父大臣の代に政変に遭い、都での栄達に限界を感じ、自ら望んで実入りの良い受領《ずりよう》に身を落としていました。しかしもとは大臣の子で、京では近衛中将の職にあっただけあって、昔のことをよく知っていて、教養もあったのです。

しかも実は、入道は、光源氏の母桐壺更衣の「いとこ」でした。

入道の父大臣と、桐壺更衣の父大納言は兄弟同士だったのです（200ページの系図参照）。

つまり入道は、光源氏の母方の先祖筋に当たる人で、そうした一族の昔の話も光源氏に語った〝昔物語〟の中には含まれていたかもしれません。

入道のもとでゆっくりと昔の話や故事を聞いた光源氏は、帰京後は一回り大きくなって、政治家としても円熟の時を迎えることになります。


京に呼び寄せられた明石の君と姫君につき添って、入道と離れて上京した尼君もまた、一族の歴史の語り手でした。

身分の低さゆえに、姫君を三歳の可愛い盛りで光源氏の正妻格の紫《むらさき》の上《うえ》に渡して以来、姫君

『源氏物語』

「澪標《みおつくし》」巻時点の系図

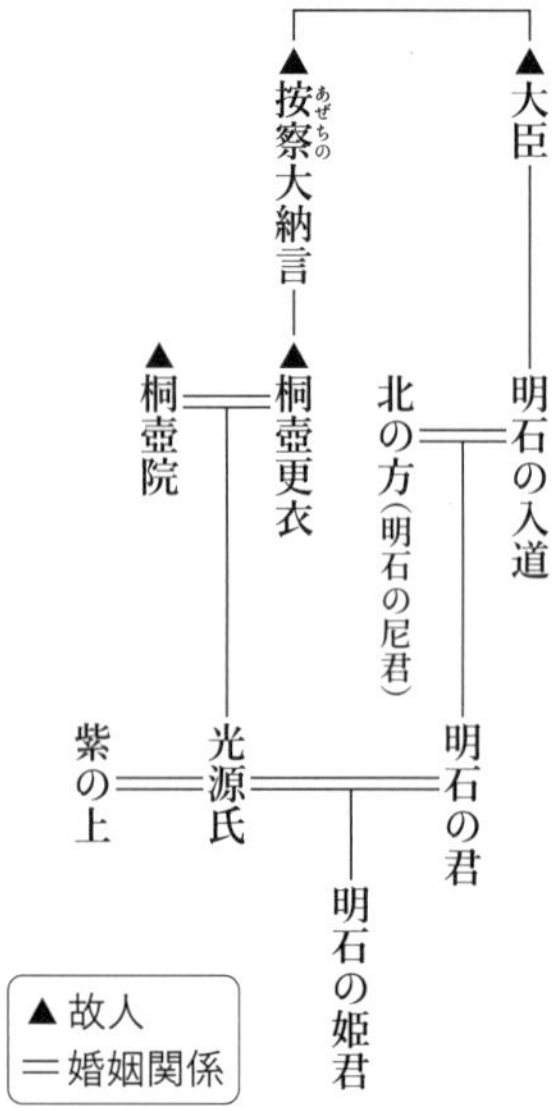

と会えなかった明石の君と尼君でしたが、姫君が十一歳で東宮に入内すると、明石の君はその後見役としてやっと姫君のそばにつき添うことができるようになります。
そして姫君が出産のため里帰りした際、いつの間にか、尼君が姫君のそばに控えていました。

『源氏物語』「若菜上」巻によれば、

「〝母君〟（明石の君）は、こうして姫君につき添っていても、〝昔の事〟などはまともにお聞かせしていなかったのですが、この〝尼君〟は、嬉しさのあまり、姫君のもとに参上しては、涙を流しっぱなしにして〝古めかしき事ども〟を、震えるような声で語り聞かせます」

はじめのうちは姫君も、

「気味の悪い人だこと」（〝あやしくむつかしき人かな〟）

とじっと見つめていたのですが、

「こういう人がいる」

とだけは、ちらりと聞いていたので、優しく相手をしていました。尼君は、

「姫君がお生まれになった時のこと、姫君のお父様の〝大殿《おとど》の君〟（光源氏）が明石の浦にいらしたいきさつ」、さらに、

「いよいよ別れの時がきて、（光源氏が）帰京なさった時は、明石の浦の誰も彼もが動揺し、もうおしまいだ、これっぽっちのご縁に過ぎなかったのだと嘆いていたのが、〝若君〟（明石の姫君）がこうして生まれてくださったおかげで助けていただいた、そのご宿縁が本当に心にしみて」

と、〝ほろほろ〟と涙を落として語ります。

それを聞いた姫君は、

「なるほど胸に迫る〝昔のこと〟をこうして聞かせてくれなかったら、何も分からないまま過ごしていたところだった」

と思って、涙ぐむのでした。

この様子を見た、尼君の娘の明石の君は、
〝あな見苦しや〟
〝医師《くすし》などやうのさまして〟（医者みたいに近くに居座って）
〝いとさかり過ぎたまへりや〟（お年を召されすぎたのね）
と、尼君を咎《とが》めます。明石の君としては、姫君が明石で生まれた時のいきさつなどは、

「姫君がこれ以上はないというところまで位を極めた時に、お聞かせしようと思っていたのに」

と考えていて、

「劣等感を持ってしまわれたのでは」

とはらはらしていたのですが、姫君の思いは違いました。

彼女は、母の明石の君を少し劣る身分の人と知ってはいたのですが、自分が生まれた時のことや、それほど遠い辺境の地で生まれたことなどは知らなかったため、

「私は、なるほどこの尼君の言うように、大きな顔をして威張っていられるような生まれではなかったのに、〝対の上〟（紫の上）のご養育に磨かれたおかげで、人からも粗末に扱われずに済んでいたのだ。私は今まで自分に並ぶ者などないと思うからこそ、宮仕えの際も、人々のことも眼中になく、この上もなく傲慢になっていた。世間では陰で噂することもあったろう」

と、すっかり事情も理解して、

「こうして聞かせてくれなかったら……」

聞かせてくれて良かった、といった思いが湧きました。

姫君は、尼君の話のおかげで、自分の立場というものが分かり、後宮での振る舞い方をも悟ったのです。

この反応は、明石の入道の〝昔物語〟〝世の古事ども〟を聞いた光源氏の反応と似ています。入道の昔語りは、いとこの息子の光源氏が今後、政界で飛躍するための下地となり、尼君の昔語りは、孫娘の姫君が今後、後宮でうまくやっていくために大きく役立つことになります。

それにもまして二人の語りは、光源氏や明石の姫君という高貴な子孫に対し、身分を超えた肉親の情、なつかしくも温かい感情を湧き上がらせます。

光源氏はその後も事あるごとに入道の人柄を思い出し、姫君もまた、母明石の君が〝あな見苦しや〟と咎め、〝あなかたはらいた〟（ああみっともない）と目配せする祖母をかばうように、「涙に濡れる尼君を、波路の道案内にして、訪ねてみたいもの、古里の明石の浜の家を」（〝しほたるるあまを波路のしるべにてたづねも見ばや浜のとまやを〟）と、歌を詠んで、尼君の心に寄り添います。

昔話を語る老人もまた、明石の入道や尼君のように、同族や同村の若い人たちに、時に自分の体験をまじえながら、つまりは自分を主役とした昔話を語りながら、生きる知恵や知識を伝え、退屈を解消しつつ、世代間のコミュニケーションを実現したのです。

第十五章

昔話と古典文学にみる「アンチエイジング」

若返りの目的はさまざま

「不老不死」を目指した古代人

昔話にはなぜ老人が多いのか……そんな素朴な疑問から、昔話や古典文学における老人を調べてきました。

現在、老いることは必ずしも厭うべきこととは言われていませんが、それはおそらく建前で、アンチエイジングがこれほどまでに流行り、若く見られることを望む人々が多いところをみると、やはり老いは厭われていると感じざるを得ません。

古典文学では老いは醜いものとして厭われ、昔話でも老人を捨てる「姥捨て山」や「若返りの水」説話が全国的に広がっており、古典文学や昔話における老いは基本的にマイナス要素であることは間違いありません。そこには、現代人が直視しようとしない人間の一つの本音があります。

古代中国では神や仙人は「老いない」と考えられ、自身も不老長寿を目指す「神仙思想」が流行しました。こうした思想は日本にも伝わり、垂仁天皇のように、海の彼方にあると考えられていた永遠の世界である〝常世国《とこよのくに》〟に、

〝ときじくのかくの木実《このみ》〟（時を定めず常に輝く木の実）

を探しに行かせた権力者もいました（『古事記』中巻）。

『古事記』によれば、

〝ときじくのかくの木実は、是《これ》今の橘《たちばな》ぞ〟

といい、柑橘類のこと。これを食べると不老長寿になると信じられていたのでしょう。しかし、木実は見つかったものの、すでに天皇は崩御していたので、持ち帰った者は泣き叫んで、とうとう死んでしまったということです。

『竹取物語』の天人も、

「美しく、〝老い〟ない」

という設定で、ラストにはかぐや姫が残していった〝不死の薬〟が出てきますが、

「かぐや姫のいない世界で生きていても仕方がない」

というので、富士山の山頂で燃やされてしまいます。

また、第五章でも紹介した『丹後国風土記』逸文の「浦嶋子」の話でも、浦島太郎の原形である浦嶋子は、不老長寿を得られるはずだったのが、〝玉匣《たまくしげ》〟（「浦島太郎」の玉手箱に相当）を開けてしまったために、〝芳蘭《かぐは》しき体《すがた》〟が風と共に天に飛んでいってしまいました。

不老不死を望みながらも「得られない」というのが古代の物語のパターンなのです。

古代中国文学には神仙になるためのさまざまな方法も綴られ、平安時代には日本にも伝わっていました。

代表的なものが『抱朴子《ほうぼくし》』（三一七）で、長生きの亀や鶴にならった「導引《どういん》」と呼ばれる呼吸法や、「金丹《きんたん》」と呼ばれる不老不死の薬が載っています。ただし金丹には、砒素や水銀などを含むものもあって、古代中国の皇帝や、日本人にもその作用で腫瘍ができたり精神に異常をきたした貴人がいたといいます（川原秀城『毒薬は口に苦し　中国の文人と不老不死』、内藤正敏『日本のミイラ信仰』など）。

古代人は神仙に通じるアンチエイジングに霊的な意味を見出しており、『続日本紀』（七九七）巻第七によると、七一七年、元正天皇（六八〇～七四八）が、美濃国の多度山《たどさん》に行幸した際、〝美泉《よきいづみ》〟を発見。自ら洗ってみると皮膚が〝滑らか〟になり、痛いところがことごとく癒えた。

つき従う者も、泉の水を飲んだところ、あるいは白髪が黒くなり、抜け落ちた髪が生え、よく見えない目が見えるようになって、その他の病もすべて癒えた。

中国の書物に、〝醴泉《れいせん》は美泉なり。以《もち》て老《おい》を養ふべし〟とあるところから、〝養老元年とすべし〟として、元号を変えたといいます。そして老人にも、〝八十〟以上、〝九十〟以上、〝百歳〟以上の者に、位や絁《あしぎぬ》、綿や粟を賜りました。

アンチエイジングに効く泉がめでたいものとして、改元にまでつながったわけです。

古代人はまた、満ち欠けを繰り返す月に「若返り」の法則を見出していて、月の神であるツクヨミは、若返りの霊水「をち水」を持つ者として『万葉集』にも歌われます。

第六章の「老いらくの恋と性」でも紹介した、

「私の手枕で寝たいと思う殿方は、〝をち水〟を探しなさい。白髪が生えてますよ」（〝わが手本《たもと》
まかむと思はむ　ますらをは　をち水求め　白髪《しらか》生ひにたり〟）（巻第四）

ほかにも、

「天に通じる梯子《はしご》も長かったらなぁ。天に通じる高山も高かったらなぁ。ツクヨミの持っている〝をち水〟を取ってきて、あなたに捧げて若返ってもらいたい」（〝天橋《あまはし》も　長くもがも　高山も
高くもがも　月読《つくよみ》の　持てるをち水　い取り来て　君に奉《まつ》りて　をち得てしかも〟）（巻第十三）

といった歌があります。

生活のために若返る昔話の老人

昔話にも、これらの霊泉や霊水にルーツを持つと見られる「若返りの水」という説話が全国的に広がっています。

けれど実は、昔話の老人たちが「若返りの水」を飲む目的は、必ずしも、古代の上流階級や現代人のような、「若く美しくなりたい」というものであるとは限りません。

青森の「若返りの護符」は、六十になっても三度の飯も食えぬほど貧乏な爺様が、神様に「金持ちねしてけろ」と願を掛けたところ、ある朝、立派な服装をした若者と一緒になった。爺様が「お前《め》のようね、立派だだ人でも、神様ね、頼むようなこと、あるもんですが」と聞くと、若者は上方の大きな木綿問屋の息子だったが、子がないので神様に頼んでいるという。そして上方へ来たら寄ってくれと言ってどこかへ行ってしまった。

やがて二十一日目の満願の日、白髪頭のお爺さんが出てきて、爺様に五枚の護符をくれた。その護符は一枚飲めば二十歳若くなるので、若返って一生懸命稼げばどんな人でも金持ちになれる、というのです。

この昔話の若返りは、美容ではなく、元気に働くことが目的だったのですから、この話が語られ受け入れられた社会の貧しさが想像できます。

ところが……喜んだ爺様が、護符を二枚続けて飲んで二十歳くらいの若者になったまでは良かったのですが、村人は誰も爺様のことが分からず、仕事もなくなり貧乏が続きます。

そんなある日、爺様はあの立派な服装をした若者のことを思い出し、苦労して上方へ行って、やっと彼の家を見つけ、番頭に「旦那様に会わせてくれ」と頼みます。爺様の粗末な身なりを見た番頭は断りますが、声を覚えていた旦那様（立派な服装をした若者）があの時の爺様と分かって出てきてくれました。

爺様がわけを話すと、旦那様は自分もその護符が飲みたいと言うので、爺様が一枚あげたところ、旦那様は二十代の若者に。それを見た旦那様の奥様も一枚ほしがったので、爺様は仕方なく四枚目の護符をあげると、奥様も十七、八の娘になった。さらに番頭もほしがりましたが、惜しくなった爺様は神様に相談するから一晩待ってくれと床に入り、その一枚を自分で飲んでしまいます。

翌朝、爺様がいつまで経っても起きて来ないので、旦那様が部屋に入ったところ、床の中に赤ん坊がいた。子供のほしかった旦那様は神様が授けてくれたと喜んで、赤子の顔を見ると爺様と同じであったといいます（『日本昔話通観』第二巻「青森」）。

若返って働くようにと神様がくれた若返りの護符ですが、結局、若返っても貧乏は続き、金持ちの子になることで貧乏を脱出できそうな落ちになるわけで、上方から来た旦那様というのも、神様が巡り逢わせてくれたのだろう、と想像できます。

似た話として、全国的に広がる「若返りの水」というのがあります。働き者の貧しい爺が山へ薪を取りに行き、谷の水を飲むと「元気に働ける体」になって、顔もすべすべになった。欲の深い婆は、帰宅した爺を、いったんは見知らぬ若者と間違えたものの、いきさつを聞くとすぐに山へ行き、若返りたい一心で水をたくさん飲んだため、赤ん坊になってしまう。迎えに行った爺は泣きながら帰宅したということです（『日本昔話通観』第十一巻「富山・石川・福井」など）。

こちらは貪欲な婆が「もっと若くもっと若く」と欲張ったわけで、この話にいたると、今でいうアンチエイジングに近いものがあります。岩手や新潟には爺と婆の逆バージョンや、爺と婆が天狗からもらった若返りの「玉」を巡って争って、欲張った爺が全部飲んで赤子になるというタイプもあり、必ずしも婆ばかりが若返りたい、欲張りという設定ではありません（『日本昔話通観』第三巻「岩手」など）。

昔話の「桃太郎」で、主人公がお供の動物たちに吉備団子《きびだんご》を配ったことから、桃太郎の里として名高い吉備国（岡山）には、山へ柴刈りに行った爺が桃の実の汁がしたたり落ちているのを吸ったところ若返り、婆が真似して吸いすぎて赤ん坊になったというバージョンもあります（『日本昔話通観』第十九巻「岡山」）。

第五章で紹介したように、「桃太郎」の話には、桃を食べた爺と婆が若返ってセックスすることで、桃太郎が生まれたというタイプもあって（滝沢馬琴『燕石雑志』など）、桃に若返りの効果があると信じられていたことが分かります。

戦で華々しく散るために若返る――斎藤実盛の最期

昔話の「若返りの護符」や「若返り水」の爺は、元気に働くために若返りたい……という、貧しさならではの目的をもつタイプが目立っていました。

古典文学にも、ある目的をもって自分の姿を若く見せた老人がいます。

それが源平時代の斎藤実盛《さねもり》。

彼を討ち取った源氏方は、当初、その異様な言動に戸惑っていました。赤地《あかぢ》の錦の直垂《ひたたれ》という大将軍にだけ許される装束をまとっているのに、続く兵士もいない。名を名乗るよう迫っても名乗らない。平氏は関西弁であるはずなのに、〝坂東声《ばんどうごゑ》〟（関東なまり）。

報告を受け、討ち取られた首を見た源氏方の大将軍木曾義仲は、

「ああ、これは斎藤別当（実盛）であろう。幼いころに見たところではすでに白髪混じりだった。今はさだめて白髪頭になっていように、鬢《びん》や鬚《ひげ》が黒いのがおかしい」

と、実盛を見知る者を呼び寄せたところ、彼は一目見て、

「ああ無惨な。斎藤別当でございます」

と言います。

「それなら今は七十を超して白髪になっているはずなのに、鬢鬚の黒いのはなぜだ」

義仲が問うと、彼は涙を〝はら〱〟と流して言いました。

「斎藤別当は、常々語っておりました。六十を過ぎて戦の陣へ向かう時は、鬢鬚を黒く染めて若やごうと思うのだ、若武者方と先駆けを争うのも大人げないし、〝老武者《おいむしや》〟と人が侮るのも口惜《くちお》しいから、と。そう申しておりましたが、本当に染めておりましたのですな。洗わせてご覧なさいませ」

そこで洗わせてみると、白髪になってしまいました。

大将軍の装束を着ていたのは、実盛が最後のいとまごいに平氏方の大将にもとに行った時、願い出てのことでした。

老人は、戦場で味方の足手まといになり、敵にも侮られます。それでも戦場に出て味方の役に立ちたい、老いの最後に華々しく散りたいという実盛の心は、敵の涙をも誘ったのです（『平家物語』巻第七）。

平安貴族と江戸人のアンチエイジング法

美容目的のアンチエイジングは、平和な時代に発達します。

前近代で最も美容が発達したのは、王朝貴族が繁栄した平安時代と、町人文化が発達した江戸時代でした。

現存する日本最古の医学書『医心方《いしんほう》』（九八四）は、古代中国の医学書の引用から成り立つ全三十巻の本ですが、そこには丸ごと一巻美容のことばかり書かれた巻があり、白髪を黒くしたり、脱毛やニキビ、シミ・ソバカス、傷あとやワキガの治療法などが載っています。

たとえば白髪を黒髪にする方法の一つは、

「黒胡麻を九回蒸し、九回さらして乾かし、粉末にして、棗膏《なつめこう》と練り合わせたものを九回服用せよ」（槇佐知子訳）

ソバカスの治療法の一つは、

「杏仁《きようにん》を酒に漬けてから皮をむき、それを搗《つ》いて絹の袋に入れ、夜、それで洗顔すること」（同前）

といった具合。

当時としては高価な漢方薬や食べ物を素材にするものが多く、中にはまじない的なものもありますが、円融《えんゆう》天皇に献上されて以降は、秘本となったといい（槇佐知子全訳精解『医心方』巻四序）、美が特権階級に独占されていたことが分かります。

その後、武士の時代になるとめぼしい美容本はありませんが、江戸時代になって平和が続くと、再び美容熱が高まります。しかも平安時代は特権階級のものだった美容が庶民に下りてきて、美容本も数多く出版されるようになり、江戸末期に書かれた『都風俗化粧伝《みやこふうぞくけわいでん》』は、文化十（一八一三）年から大正十一（一九二二）年にいたるまで「一世紀を超えるロングセラー」（高橋雅夫校注『都風俗化粧伝』解説）になりました。

ここには、低い鼻を高く見せたり、垂れ目を上げたり、吊り目をまっすぐに見せたりする化粧法のほか、

〝皺をのばし少女《むすめ》のごとくわかやぐ薬の伝〟

〝色を白うし、老いたるを嫩《わかや》がし、美人となる薬の伝〟

〝色を白くし、顔の光沢《つや》を出だし、皺をのばし、一生年寄りて見えざる手術の伝〟

といったアンチエイジングに関わる薬や手技も載っており、たとえば最後の〝一生年寄りて見えざる手術〟は、

〝両手の掌《ひら》を合わせ、数十遍すり、掌《たなごころ》を合わせば、手の掌《うち》おのずから熱出でてあつくなりたる時、手の掌《ひら》にて額をよくよく摩《な》でこすり、それより鼻の両わき、また、頬《ほお》、口の辺り、その形の高き低きにしたがい、幾十度《なんじゅうたび》もよくなですり、そののち、両目の瞼《まぶた》をなで、耳の両わきより耳をよくよくすりなずるなり〟

これを毎日続ければ、顔の血の巡りが良くなって、悪い血がなくなり、良い血を巡らし、色は白く艶が出て、皺を生ずることなく、顔にでき物もなく、目はぱっちり、耳は爽やかになる、といい、五年継続すれば顔の色形が〝少女〟のようになって、〝老い〟を退け、若やぐといいます。

今のマッサージのようなものでしょうか。お金もかからず、気軽に試せそうなものの、根気がいりそうで、昔の人の美と若返りにかける執念が伝わってきます。

老人らしく見せることに注力した世阿弥

古今、貴族や武士、庶民にいたるまで、多くの人々がさまざまな理由で若返りを目指していた一方で、老人らしく見せることに心血を注いでいた人がいました。

室町時代、能を大成した世阿弥（一三六三〜一四四三？）です。

世阿弥は、

〝老人の物まね、この道の奥義《あうぎ》なり〟（『風姿花伝《ふうしかでん》』）

といい、

「能の達成度がすぐに傍目《はため》に分かるのが老人の物まねなので、これが〝第一の大事〟（最重要の演技）なのだ」

と解説します。老人の演技の善し悪しは観客にもすぐに分かるため、大事なのだというのです。

そして、

「老いているからといって、腰や膝をかがめ、身を縮めると〝花〟が失せて、〝古様《こやう》に〟（古くさくてダサく）見えてしまう」

といい、また、

「物まねには〝似せぬ位《くらゐ》〟（似せない境地）」

というのがあって、その代表例が老人であるといいます。どういうことかというと、

「〝年寄〟の心理としては、何事も〝若くしたがるもの〟である。そうではあるけれど、〝力なく、五体も重く、耳も遅ければ（遠いので）、心は行《ゆ》けども〟動作が思い通りにならないのだ。この理屈を知ることが、〝まことの物まね〟である」

と。だから演技をする時は、いかにも老人らしく演じてはダメで、

「年寄りの願望通り、あえて若々しく振る舞うべし」（〝年寄の望みのごとく、若き風情《ふぜい》をすべし〟）

といいます。それが、

「年寄りの若さを〝羨《うらや》める心〟や〝風情〟をまねることではないのか」

と、世阿弥は言い、しかるに、

「年寄りは、どんなに〝若振舞《わかぶるまひ》〟をしても、ワンテンポ遅れることはどうしようもなく、思い通りにならないもの。その〝年寄の若振舞〟が珍しさとなって、老い木に花が咲くような演技になる」

というのです。

老人の心理にも踏み込んだ、見事な演技論ではありませんか。

（217ページの挿絵は世阿弥の能楽論『二曲三体人形図』から）

世阿弥の能楽論『二曲三体人形図』より
（国立国会図書館デジタルコレクション）

二曲は舞と歌、三体は老体（老人の風姿）・女体・軍体（武人の風姿）の意で、世阿弥が能芸の基礎とするものを図で表した。世阿弥時代の能の面影を具体的に示す唯一の絵画資料として貴重という（日本思想大系『世阿弥・禅竹』解説）。右図は老体で「目と『見』を点線でつなぐのは、遠くを見る視線を示す」（同・校注）。左図は「老舞」。〝老木に花の開《さかん》が如し〟とある。

第十六章

実在したイカす老人

成尋阿闍梨母、乙前、世阿弥、上田秋成、四世鶴屋南北、葛飾北斎、阿栄

老人についてこれほど考えたことはかつてありませんでした。

そして、昔話の老人の姿を知れば知るほど、背景にある「老人の地位の低さ」というものを痛感しました。

「子や孫に囲まれ、左うちわで隠居生活を楽しむ」という、現代人の思い描きがちな昔の老人像が幻想であり、十六・十七世紀以前は結婚して子供がもてるだけでも恵まれていた、貧しい庶民は老いても働かなければ生きてはいけず、しかもろくな仕事もない身ではかつかつの毎日を送っていた、子や孫と暮らしていても、姥捨て山に捨てられないまでも、精神的に孤立感を味わうことも少なくなかった。そんな事実を知るにつけ、

「人間がこの世に出てくる時も一人なら、死ぬ時も一人なのだ」

という現実が改めて眼前に迫ってきて、社会制度の充実に期待こそすれ、身内には期待しない、

「諦め」が肝心だ、と強く思うようになりました。

子や孫がいなければ、施設なり他人のお世話になるまでは、自分で自分を何とかしなくてはいけないのは当然ですが、子や孫がいても、彼らに手放しで慕われ感謝されるほど、立派な子育てをしてきた人はまれでしょう。

親は親であるというだけで子にとって「権力者」です。知らず知らずのうちに、親はその権力で子を抑えつけ、コントロールしています（それが度を越すと「虐待」になるわけです）。親であること自体、罪深いともいえるのです。

年を取ったら子や孫を解放してやる。子がいようとなかろうと、「ひとりでやっていく」という覚悟があったほうが、結局は、心身共にラクなのではないか。死ぬ時は動物のように、ひっそりと身を隠すようにして死にたい……それが今の私の理想です。

一方で、昔話や古典文学には、老いや醜さを逆手に取って若い女を救う「姥皮」の話（第十章）、若者にはない知恵で国難を救うタイプの「姥捨て山」説話（第十一章）などもあって、地位の低いはずの老人が物語を動かす原動力となっていることも見てきました。
長生きすれば必ず訪れる「老い」は誰にとってもひとごとではありません。心身共に弱った老人を見捨てることは、未来の自分を見捨てることにも重なる……そのこともまた、老人を捨てた道具を孫が持ち帰ろうとして、自分もいずれ捨てられると子が悟るタイプの「姥捨て山」

説話（第十一章）は浮き彫りにしてくれます。

良きにつけ悪しきにつけ、昔話や古典文学に描かれる老人は「現実」の反映です。

そんな「現実」の中のイカす老人たちを紹介することで、この本の締めくくりにしたいと思います。

成尋阿闍梨母——渡宋した息子を想い、八十六歳ころに歌文集を綴った貴婦人

成尋阿闍梨母《じょうじんあじゃりのはは》（九八八～一〇七三以後）は、平安時代の女の常で、本名は伝わらず、その子の名前で呼ばれます。当時の女流文学の書き手の大半が受領階級に属する中、彼女は「例外的に高貴な出自」（宮崎荘平『成尋阿闍梨母集』解説）でもあります。

曾祖父は醍醐天皇、祖父源高明《たかあきら》は左大臣で、安和《あんな》の変で左遷されますが、光源氏のモデルの一人としても有名で、その娘、つまり成尋母の父方叔母の源明子は藤原道長の妻でした。父俊《とし》賢《かた》も権大納言。ただ、夫の藤原貞叙《さだのぶ》に早くに死に別れ、二十代の半ばには幼い二児を抱え、二人を仏門に入れたのでした（221ページの系図参照）。

幸い息子たちは高僧として世間の尊崇を受け、成尋母はそのままいけば、上流夫人としてそれなりに満ち足りた一生を終えるに違いなかったのですが、八十二歳（一説には八十三歳）の時、

彼女を歴史に残すことになる、衝撃的な出来事が降って湧きました。

当時、五十九歳（一説には六十歳）になる次男の成尋阿闍梨が、

「唐に渡りたい」

と言い出したのです。

唐はすでに滅亡しているので、正確には宋ですが、日本ではその後も中国を指して唐、唐土と通称していた、その唐に行って、文殊菩薩が現れたと伝えられる五台山の聖地を拝みたいというのです。成尋が言うには、

「六十一歳は厄年に当たるし、〝年老い〟てしまったので、どうせ死ぬならその前にぜひ拝みに行きたい」

と。

これから厄年を迎えるからおとなしくしていようというのではなく、同じ死ぬなら夢を叶えたい、六十前後で、当時、命がけの旅だった渡宋をしようというのですから、成尋からして「イカす老人」といえるので

成尋阿闍梨母の系図

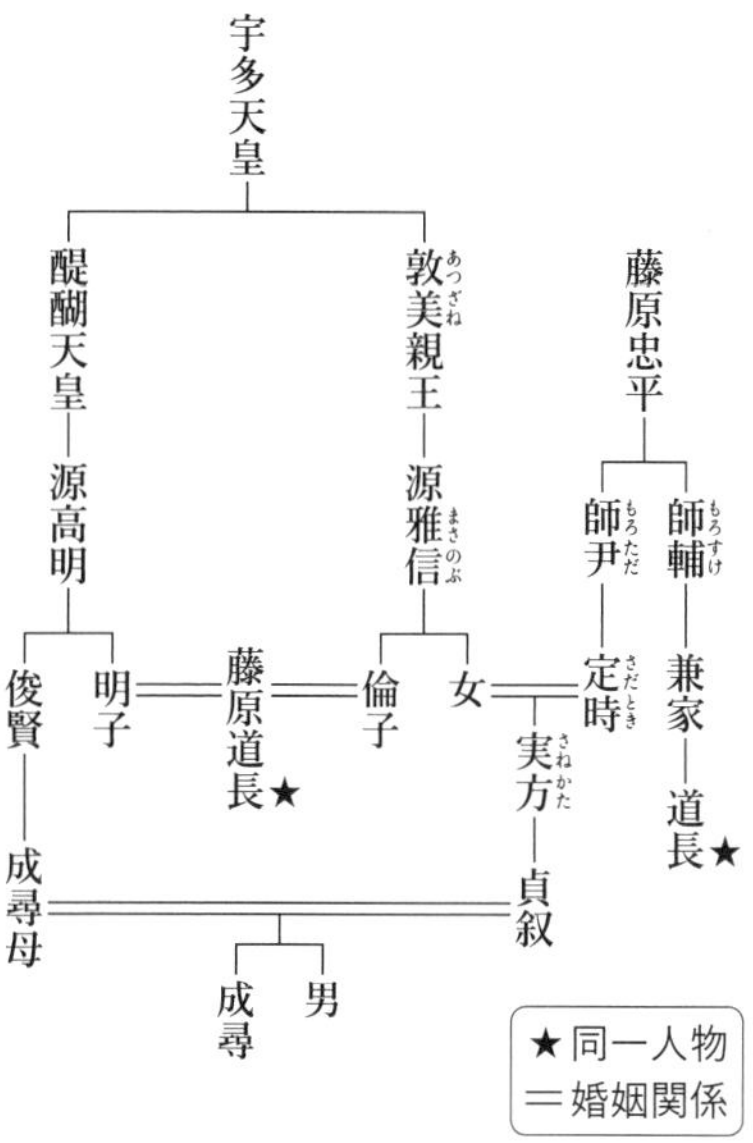

すが。

この息子にしてこの母ありで、突然の息子の申し出に、急遽、八十二歳の母の脳はかつてないほど活性化して、八十六歳ころに、『成尋阿闍梨母集』と呼ばれる歌日記をまとめます。その本のはじめに、

「年八十路に及び、世間に類例のないことがあったので、自分の心の中だけの嘆きを、書き表してみようと思ったのです」

と、彼女は書き、息子の申し出に何も言えずに泣いてしまったこと、

「この人が本当にしたいと思うことを邪魔すまい」（〝この人のまことにせんと思ひ給はんこと違《たが》へじ〟）

と思うあまり、したいこともさせ、これほどの重大事を妨げもせずに終わってしまったこと……日が経つにつれ、それらが〝悔しく〟て、

「手をつかんででも引きとめるべきだった」

と悔やまれて、煩悶する様が、描かれます。

思いは息子の幼かったころまでさかのぼり、

「夜泣きをしても、人に抱かせると泣き、私が抱くと泣きやんだ」

「寝床などに寝かせると泣くので、夜も気がかりで、膝の上に寝かせ、高坏《たかつき》を燈台にして膝の前にともして、障子にもたれて百日になるまで自分で育てた。乳母に預けたのは寝返りができ

るようになってからだった」

と、述懐。

　そんな愛しい息子（といってももう六十前後なのですが）と別れることになるとは、

〝命長さの罪〟

〝あまりの命長き身恥づかしうぞ〟

〝とく死なん〟（早く死にたい）

と繰り返します。

　にもかかわらず、八十を超す成尋母は皮肉にも元気そのもので、〝瘧病《わらはやみ》〟（マラリアに似た熱病）のような病気になっても治ってしまう。再発すると、

「今度こそ死にたい」

と思って、ただ〝仏〟だけが返す返すも恨めしい気持ちになりながら、

「早く死なせて下さい」

と祈るものの、

「また治ってしまった。情けなくも長い命だなぁ、と思う」（〝また怠《おこた》りぬ。「心憂く長き命かな」と思ふ〟）

　このあたりのくだりはユーモラスでさえあって、強靭な作者の体力と精神力が感じられます。

結局、成尋はそんな母を日本に残して、六十二歳の年の三月に、唐人船に乗って宋へ向かいます。

この時、成尋母八十五歳。

さらに翌年、八十六歳の作者は、成尋からほかの人には手紙がきているのに、自分にはこないのがとても気になって、

「気がかりだな。〝文《ふみ》〟を見たいなぁ。極楽に降るという蓮華の花の跡を〝踏み〟しめるように」(〝おぼつかなふみ見てしがな極楽に降るらん花の跡と思ひて〟)

と歌を詠みつつ、「極楽できっと会いましょう」という成尋のことばを思い出し、それを〝頼み〟にしていると記したところで筆を置きます。

千年近く前、八十過ぎではじめて歌文集を綴り、それが今なお古典文学として読み継がれるクオリティを保っている、ということの凄さ……。

「人はなぜものを書くのか」

という問いさえ浮かんできて、老いを超えて人を動かすエネルギーというものについて考えずにはいられません。

乙前――七十前で後白河院の歌の師となり、八十四歳で死ぬまで院に尊重された傀儡女

〝乙前《おとまへ》〟（一〇九一～一一七四）は、後白河院（一一二七～一一九二）に今様《いまよう》を教え、尊重された傀《く》儡女《ぐつめ》です。

傀儡女とは、定住せず、歌や色を売って諸国を流浪する芸能民。そんな乙前が老いの果て、思わぬ身の上になるのですが、先の成尋母が〝とく死なん〟と繰り返し、〝心憂く長き命かな〟と長生きを嘆いたのと違い、年老いてからの巡り逢わせを光栄にも感慨深くも思ったに違いありません。

というのも乙前は、六十七歳という高齢で、三十一歳の後白河院の歌の師となったのです。

院は〝今様《いまやう》〟と呼ばれる流行歌に没頭し、自ら今様の歌詞集と口伝集で成り立つ『梁塵秘《りようじんひ》抄《しよう》』を編纂します。その大半は失われてしまったのですが、残存する歌詞集の巻第一の断簡と巻第二は貴重な記録ですし、口伝集は巻第一断簡と巻第十が伝わっており、この巻第十に、乙前との出会いが描かれているのです。

今様の〝上手〟（名人）はもちろん、今様を歌うとさえ聞き及べば、身分の上下を問わず、共に歌って研鑽《けんさん》に励んでいた院は、今様の達人として名高い〝乙前〟の歌を、

「何とかして聞きたい」

と願い続けていました。そして、保元二(一一五七)年、信西入道《しんぜい》のつてを得て、乙前にその意向を伝えます。ところが乙前は、

「そうしたこともしないで久しくなって皆忘れてしまった。その上、様子も〝いといと見苦しく〟ございます」

と言って参上しません。それを何度もせっついたところ、やっと乙前は現れるものの、人前に出て来ようとしない。そこで、わざわざ人払いをして招き入れ、歌の談義から始まり、互いに歌って、師弟の誓いを立て、御所に部屋を与えて、さまざまな今様を、知らない曲からすでに知っていた曲まで、院は習ったのでした。

乙前は、「上皇」に部屋を与えられるという栄誉に浴しただけではありません。

院の師になって十余年、乙前が八十四歳で危篤に陥ると、院自らお忍びで彼女を見舞います。傀儡女が、院の御幸を得たのです。

院は彼女が成仏するよう法華経を読んで聞かせたあと、

「歌を聞きたいか?」

と問うと、乙前は喜んで〝急ぎうなづ〟きました。そこで、

〝像法《ざうぼふ》転じては　薬師の誓ひぞ頼もしき　一たび御名《みな》をきく人は　万《よろづ》の病無しとぞいふ〟

と、今様を二、三べん歌って聞かせると、乙前は、

「これを承ったので命も助かることでしょう」

と手をすって泣く泣く喜びました。そののち乙前が死ぬと、院は彼女のために五十日間、仏のお勤めをして、命日には法華経一巻を読んだあと、
「歌を経よりもありがたがっていた」
と思い、乙前に習った今様を歌って菩提を弔ったのでした。その後も命日には必ず今様を歌って供養した、と、院は口伝集に綴っています。

院がここまで乙前を尊重していたのは、その人柄もさることながら、プロとしての乙前の腕前や姿勢に心酔していた、というのもあるでしょう。

口伝集の巻第十には、傀儡女同士の嫉妬やプライドがうかがえるエピソードも描かれています。乙前の前に、院が少し今様を習っていた〝さはのあこ丸〟という傀儡女が、乙前の今様は「正統ではない」と言い出したのです。

そこで、あこ丸とどちらが正当か決着をつけるため、今様の始祖の系譜にある〝小大進《こだいしん》〟という傀儡女を、今様のメッカである美濃の青墓《あおはか》の宿《しゆく》から院の御所に呼び寄せ歌わせたところ、乙前の正当性が証明されたのでした。

敗れたあこ丸は自信があったのでしょう、〝腹立ちして〟、小大進の背中を強くぶって、
「良いとかいう歌をまた歌いなさいよ」
と、憎まれ口を叩きます。

相手の挑発を「良い機会」とばかりとらえて地位を確立した乙前といい、院や貴顕《きけん》の前でも、あくまで負けを認めぬあこ丸といい、傀儡女たちの自己主張の強さと気丈さは目を見張るものがあります。

口伝集の巻第十からは、傀儡女などの芸能民だけでなく、当時の貴族が芸能に注いだ情熱も伝わってきます。

源清経《きよつね》は西行《さいぎょう》の母方祖父で〝監物《けんもつ》〟(中務省に属する役人)でしたが、今様の正統な継承者である〝目井《めゐ》〟という傀儡女と夫婦になることで今様を吸収し、自身も弟子をもち、明け暮れ責め立てては歌わせていました。

夜は眠気を覚ますため、外に出て水で目を洗ったり〝睫毛《まつげ》を抜《ぬ》きなど〟もする。あまりに夜ごとに歌い明かしているので、今様の才能を見込まれて目井の養女となった乙前が意見をすると、清経は、

「〝年老いて〟注目してくれる人もいなくなった折、芸を追求してきたことが役に立つ。歌をお好みになる高貴な方でも現れて、歌の節がおぼつかない時に、誰それが知っているらしいと言って探しに来る人もいるだろうに。歌を知っていてこそ、〝老いの末〟にはそんなふうに生きていくこともできるだろう」

と言った。

「歌に精進することが老後の暮らしの保証にもなる」

と、清経は主張したわけです。

院に探し出されて、その通りになった乙前は「よくぞ申したことでした」と回想するのでした。

院に乙前を引きあわせた信西といい、当時の貴族社会に今様が深く食い込んでいたことも驚きで、乙前が院に語ったところによると、清経は目井への愛情がなくなったのちも、目井の歌の素晴らしさゆえ、別れられずにいた。

しかし清経としては近寄るのも嫌で、同衾《どうきん》しても寝たふりをして背を向けていた。その背中に、目井がまばたきをする〝睫毛〟が当たるのもぞっとするほどだったが、美濃の青墓に行く際は連れて行ってやり、迎えにも出向き、晩年は食べ物を与え、彼女が尼になって死ぬまで面倒を見たのでした。

「近ごろの男は、愛情がなければ、たとえ京の中だって連れて行ってなどくれないでしょう」

と、乙前は院に語ったといいます。

乙前の晩年は、

「〝年老いたる人〟で、一つの事にすぐれた才能があって、『この人の死後には、誰に尋ねたらいいのか』などと言われるのは、〝老の方人《かたうど》〟（老人の味方）で、生きているのも無駄ではない」

（第一六八段）

という『徒然草』の描く理想の老境そのもの。

口伝集の巻第十に綴られる、院と乙前の身分を超えた交流は、今読んでも心打たれます。

世阿弥──七十二歳で佐渡に流罪になって なお創作に励み、後進を指導した芸術家

〝老人の物まね、この道の奥義なり〟（『風姿花伝《ふうしかでん》』）

と言った世阿弥（一三六三～一四四三？）は、自身も高齢を保ちました。が、「世阿弥の晩年は不遇であった」（『能楽論集』解説　表章）といい、永享六（一四三四年）年、七十二歳で佐渡島に流罪になって、七十四歳までは在島したことは分かるものの、許されて帰京したかは不明、

「八十一歳歿とする伝承が残るのみ」（表章「世阿弥と禅竹の伝書」）といいます。

十二、三歳で将軍足利義満や当代一の文化人二条良基《よしもと》を魅了し、十六歳のころには祇園会《ぎおんえ》で義満と一つ桟敷《さじき》に同席。将軍が〝乞食所行〟である〝散楽（猿楽）者〟を〝賞翫〟し、近くに仕えさせることの〝奇〟（異常さ）に世間は〝傾〟（首を傾げた）（『後愚昧記』永和四年六月七日）と批判されるまでに、美少年アイドルとして異常な出世を果たした世阿弥。

将軍に気に入られようとする〝大名〟たちにも賞賛され、世阿弥へのプレゼントの費用は〝巨万〟に及んだ（『後愚昧記』）という若かりしころの栄光と比べ、晩年の劇的な零落ぶりは、確かに「不遇」と呼べるでしょう。

が、世阿弥は確認されているだけでも二十一種の能楽論、世阿弥作と分かっているだけで五十曲近くの能の作詞作曲、推定となれば百曲近くの作品を手がけ、その多くは今も「世阿弥当時と同じ詞章のままで盛んに演じられて」（表章「世阿弥と禅竹の伝書」）います。

そして『風姿花伝』以外の諸書は「すべて応永二十五年以後」（同前）、つまり五十六歳以後の著述であって、『金島書《きんとうしょ》』にいたっては、世阿弥が佐渡に滞在中、七十四歳の時に書かれた小謡曲舞集です。

世阿弥に限らず、昔の人が意外なまでの高齢でものを書いているのは驚くばかりですが、とりわけ世阿弥のような芸術家が人生の浮き沈みを超えて、生涯衰えぬ創作意欲を保ち続けたことは、ドラッグなどで身を持ち崩すことも少なくない現代の芸能人などと比べれば、幸せといえるのではないでしょうか。

佐渡島で書かれた『金島書』を読むと、その思いはさらに強まります。

世阿弥は、京極為兼《ためかね》（一二五四～一三三二）や順徳院《じゅんとく》（一一九七～一二四二）といった、佐渡に配流された貴人に思いを馳せつつ、

「ああ面白い佐渡の海、見渡す限りの天地自然は無言のうちに自らを語り尽くしている。その名を問えば佐渡という、この黄金の島は妙なる所だ」（〝あら面白や佐渡の海、満目青山《まんもくせいざん》、なををのづから、その名を問へば佐渡といふ、金《こがね》の島ぞ妙《たへ》なる〟）

と、佐渡島をうたいあげます。最後は、

「後世の人は見ることだろう。黄金の島で書き残した筆の跡を、長く朽ちせぬしるしとして」（〝これを見ん残す金《こがね》の島千鳥《しまちどり》跡も朽ちせぬ世々《よよ》のしるしに〟）

という一首で締めくくる。

『金島書』はとても短い八編の小謡曲から成り、全体でも日本思想大系でわずか八ページを占めるに過ぎませんが、透明感に満ちていて、しょぼくれたところや老いぼれたところがみじんもありません。

世阿弥は、佐渡から娘婿の金春禅竹《こんぱるぜんちく》（一四〇五～一四六八以後・一四七一以前）にこんな書状を出してもいます。全文を訳すと、

「返す返すも、留守の妻といい旅先の私といい、共に御援助にあずかり、お礼のことばもありません。

お手紙詳しく拝見しました。なおまた、先日、妻の〝寿椿〟を御援助くださっていることをお礼申し上げましたら、私のことまでお気づかい頂いて、おかげでこの佐渡での人目や外聞を支障なく保つことができます。お金十貫文受け取りました。再び思いがけず帰京することにな

りましたら、お目にかかり、詳しくお話を申し上げたり伺ったりしたいものです。
　また、書状にあった〝鬼の能〟のこと拝見しました。これは、こちらの流では知らぬことです。総じて〝三体〟（老体・女体・軍体という能の三種の基本芸）のほかは、砕動風鬼《さいどうふうき》（形は鬼、心は人の動きの鬼）までが当流の分です。力動風鬼《りきどうふうき》（形も心も鬼の動き）などは他流のことです。ただ親であった者（観阿弥）が時々、鬼をしていた際、音曲で鬼らしい威勢を表現していたので、それを私も学んだのです。それも出家後（世阿弥の出家は六十前後）に演じていたのです。あなた方も、この能の修行ができあがってから、老後に長年の技を生かして鬼をなさることを御心にとめておくべきです。
　また、前々から約束してあった事をだいたい記して差し上げます。よくよく御覧になってください。想像を絶する田舎のため、適当な紙すらないことをぶしつけにお思いになることでしょう。しかし、優れた仏法や諸経の教えすら藁《わら》筆を使って書くと申しますので、芸道の大事を記したこの粗末な紙を〝金紙〟とお思いになるべきです。
　返す返す〝法〟（仏法？）をよくよくお守りになってください。恐々謹言
　六月八日　　　　至翁
　金春大夫殿へ」
　途中、〝三体〟〝砕動《さいどう》〟〝力動《りきどう》〟といった専門用語もまじって分かりにくいものの、要は娘婿へ向けて、お金のお礼と、能に関する質問への返答が書かれているのです。

経済的援助へ丁寧過ぎるほどの礼を尽くす謙虚な姿勢に比して、能の大事が書かれた紙はどんなに粗末でも金紙と思うように……と説くくだりは、芸の師としての品位に満ちています。若いころの名声に奢《おご》ることなく、佐渡島に流された最晩年にいたっても、創作に精を出し、後進にアドバイスをする世阿弥〝翁〟の姿は、

〝命には終りあり、能には果てあるべからず〟(『花鏡』)

という自身のことばそのもの。

老いてなお〝花〟を失わない元美少年アイドルの、数百年経っても尽きぬエネルギーは、逆境を創作に変えた芸術家の迫力を見せてくれると共に、年老いることに対してなにやら希望をもたらしてくれます。

上田秋成——芭蕉を偽者、宣長を田舎者と切り捨てつつ、晩年は自省を忘れなかった国学者

怪異小説『雨月物語』(一七七六)の作者として有名な上田秋成(一七三四〜一八〇九)は、二十七のころから連れ添った妻を、六十四歳の時に失い、一時は全盲状態になるなど、「最晩年の生活はかなり悲惨であったとされている」(『英草紙・西山物語・雨月物語・春雨物語』解説 中村博保)。

そんな秋成を「イカす老人」としてでてくるのは、その晩年こそ、彼の作品にもまして私には面白く魅力的に見えるからです。

五十四歳の時に書いたエッセイ風の小説『書初機嫌海《かきぞめきげんかい》』（一七八七）で、秋成は断言します。

「どんなに頭をひねっても、昔々に戻ることはあり得ないし、また戻りたくもないものである」（〝何とおもひめぐらしても、昔むかしには立ちかへりもすまじく、また立ちかへりとむない物なり〟）

昔の天皇のお食事を見ても〝いけた物〟（うまそうな物）など一つもない。それに比べて今はうまいものがたくさんある。〝福寿《ふくじゅ》〟（金と命）さえあれば、何でも手に入る世の中である、と。

紫式部や兼好法師でさえ「昔は良かった」という幻想を『源氏物語』や『徒然草』で展開していて（詳しくは拙書『本当はひどかった昔の日本』をご覧ください）、上田秋成ほどそうした古典を読んでいた人もあるまいに、分かってるなぁ、金が身分を超えるありがたさをわきまえてるなぁ、と感心します。

そういえば彼は『雨月物語』の最終話「貧福論《ひんぷくろん》」に〝黄金《わうごん》の精霊《せいれい》〟を登場させ、

「金持ちは前世の行いが良いとか、貧乏人は行いが悪かった報いとか、仏教が説くのは女子供をだます〝なま仏法〟（エセ仏法）」

「黄金は大事にしてくれる人のところへ集まるだけだ」

とも言っています。貨幣経済の急発達で、悪者にされていた金銭や拝金主義を擁護しているのです。

そして、死の前年、七十五歳の時に書いた随筆『胆大小心録《たんだいしょうしんろく》』（一八〇八）では、

「〝金が敵〟とはこれまた気の張ったことだが、ただただ〝おしいたゞいておけばすむ〟ことだろう」

と言い、拝金主義批判の急先鋒だった松尾芭蕉（一六四四～一六九四）を〝こしらへ者〟（偽者）と罵っています。

秋成の批判の矛先は同時代の国文学者、本居宣長（一七三〇～一八〇一）にも向かっています。『源氏物語』を〝もののあはれ〟の文学と評した宣長とはかつて文学論争をかわした関係だったのですが、『胆大小心録』執筆時にはすでに故人であった宣長を、

〝い中人のふところおやじ〟（田舎者の世間知らずオヤジ）

とバカにしつつ、

「とかく〝やまとだましい〟を持ち出す」

と言って、こう批判します。

〝どこの国でも其国のたましいが国の臭気也〟

宣長は二言目には大和魂と言うが、その魂こそがこの国の臭み、欠点でもあるんだよ、と。

ナショナリズムにつながりがちな宣長の論調を見事についた批評ではありませんか。

大坂生まれの都会人の秋成の目には、芭蕉は偽善者、伊勢の宣長は頭でっかちの田舎者と映

っていたのです。

『異本胆大小心録』（一八〇九）では、師であった建部綾足《たけべあやたり》（一七一九〜一七七四）を、

〝とんと漢字のよめぬわろ〟（てんで漢字の読めない野郎）

とおとしめたあと、宣長に話を移し、彼に関してはその独創性や才能を評価するものの、

「死ぬまで弟子をほしがった」

とグサリ。自分自身は人に勧められても弟子をとらなかったと称する秋成は、

「間違ったことを言ってでも弟子がほしいよ。古事記伝を書いて金を稼ぐ乞食者、古事記伝兵衛《こじきでんべえ》と人が言っても」（〝僻《ひが》ごとをいふてなりとも弟子ほしや古事記伝兵へと人はいふとも〟）

と、宣長を茶化す一方、

〝この人死んでは、いよゝ火がふいと消えてしまふた消えてしまふた〟

と、宣長のいない世を寂しがっている。

　なんだかんだと言っても、秋成の生涯で、宣長ほど手応えのある好敵手はいなかったのでしょう。そんなライバルに出会えただけでも秋成は幸せではなかったでしょうか。

　秋成は生活のため医業を営んでいたこともあって、死の前年、七十五歳の時の『自伝』（一八〇八）によれば、五十五歳で、十五年間つとめた医業をやめたのは、自身の病気のほか、誤診により、

〝いたいけなる娘ひとりをころし〟てしまったから。娘の親は彼の誤診とも知らず、定められた寿命だからと言って、のちのちまで親しく招いてくれた。それが内心とても恥ずかしかったと秋成は言い、

「自分は人に歌や文を教えこそしないが、偉そうなことを言って誇り、また古い事の数々を我こそ知っているというように注を書き、論に成して、木に彫らせ出版している。今思うと昔のことはすべて改めたいことばかり」

と述懐します。

毒舌の頑固者でいながら、誰よりも自分の嫌らしさを自覚する秋成。

こんな秋成ですから、敵も多い反面、親身な友達も少なくなかったようで、その死は、彼の「一人住みを心配して引取った」（『上田秋成集』解説 中村幸彦）友達の家で迎えています。

『胆大小心録』によれば、七十四歳で草稿を古井戸に投ずるなど、元祖「断捨離」をやって〝心すゞしく成〟った身軽な身での友人宅での死。

独居老人の晩年としては一つの理想の境地といえるのではないでしょうか。

四世鶴屋南北――生前に自分の葬式のシナリオを用意した劇作家

美しかったお岩さんが醜い顔になる『東海道四谷怪談』が上演されたのは一八二五年。

作者の四世鶴屋南北（一七五五〜一八二九）が七十一歳の時のことです。

日本橋の紺屋に生まれた南北が、劇作家を志したのは二十代前半と早いものの、身分の低さが災いしてか、立作者《たてさくしゃ》（歌舞伎の芝居小屋に専属する作者たちの筆頭者）となったのは四十九歳の時。はじめて世に出たのは『天竺徳兵衛韓噺《てんじくとくべえいこくばなし》』が大当たりとなった五十歳の時で、鶴屋南北という名（三代目までは道化方の役者名。四代目から作者の名跡）を継いだ時には五十七歳になっていました。が、その後の活躍ぶりときたら、三一書房の『鶴屋南北全集』第十二巻の「鶴屋南北作者年表」から、書き写そうとしても膨大すぎて書き写せないほど。

といっても歌舞伎作品には複数の作者が名を連ねるため、年表作成者の浦山政雄によると、「これらのすべてが南北一人の作ではない」といいますが、南北の七十歳以降の作品のうち、『鶴屋南北全集』に収められたものだけとっても、

七十歳……『仮名曽我當蓬莱《かなでそがねざしのふじかね》』（一八二四）
七十一歳……『御国入曽我中村《おくにいりそがなかむら》』『紋尽五人男《もんづくしごにんおとこ》』『初冠曽我皐月富士根《げんぷくそがさつきのふじがね》』『東海道四谷怪談』『盟三五大切《かみかけてさんごたいせつ》』『鬼若根元臺《おにわかこんげんぶたい》』（一八二五）
七十二歳……『藤川舩𦪷話《ふじかわぶねのりあいばなし》』『紫女伊達染《かきつばたおんなのだてぞめ》』『曽我中村穐取込《そがなかむらあきのとりこみ》』（一八二六）
七十三歳……『獨道中五十三驛《ひとりたびごじゅうさんつぎ》』（一八二七）
七十四歳……『蝶蝶孖梅菊《ちょうちょうふたごのきようだい》』（一八二八）
七十五歳……『菊月千種の夕映《きくづきちぐさのあかねぞめ》』『金幣猿嶋郡《きんのざいさるしまだいり》』（一八二九）

と、死去する七十五歳の年まで精力的な仕事ぶりです。

その他、著作もあり、現代人が定年を迎える年ごろになっても、南北の創作活動は衰えるところか勢いを増し、当代一の劇作家として「当時の劇壇を圧していた」（『東海道四谷怪談』解説 郡司正勝）のです。

七十一にして代表作を発表したということだけでも快挙なのに、南北は、自分の葬儀のためのシナリオまで書いていました。その名も、『寂光門松後万歳《しでのかどまつごまんざい》』。

それによれば、〝菩提所は本所押上春慶寺《ほんじょおしあげしゅんけいじ》〟と〝外題《げだい》〟（歌舞伎狂言の題）があり、式の様子が説明してあります。訳すと、

「本堂正面には三宝祖師、大菩薩、文殊、普賢。仏前には常燈《じょうとう》、香華《こうげ》を供え、幡《はた》・天蓋《てんがい》を飾り、棺《ひつぎ》を据えておく。施主たちが列を作って並び、半鐘《はんしょう》の知らせと共に住職や供の僧たちが華やかに現れ、葬儀の鳴り物となって読経が始まる。南北は妙《たえ》なる法華経の功力で娑婆の苦患《くげん》をまぬがれ、すみやかに極楽往生する。

ここで南北が思うには、叶うものなら野辺送りをしてくださった方々にお目にかかり、お礼を申し上げたく候えど、冥土の客と相成れば、心に任せず、よって亡者の心の内を一冊に綴り、おいでの方々の御覧に入れ奉りますする」

続いて配された南北のセリフと説明書きを、原文を生かしつつ訳すと、

「『略儀ながら、狭うはございますれど、棺の中からこうべをうなだれ、手足を縮め、お礼申

し上げ奉りまする。まずは私が存命のあいだ、長々ご贔屓にしてくださいましたる段、飛び去りましたる心魂に徹し、いかばかりか有難い冷や汗に存じ奉ります。さて私も、とうに〝老衰〟に及びますれば、皆々様の御機嫌を損なわぬうち、早う冥土へ赴《おもむ》けと、これまでたびたび仏菩薩の霊夢を受けますれど、さすがは凡夫の浅ましさで、強く辞退しましたが、寿命は逃れがたく、やむを得ずあの世へ赴きますれば、まことにこれがこの世のお名残。いまわの際の死に遅れ、万歳の太夫《たゆう》と才蔵《さいぞう》を兼ねまして、亡者の私が舞を納めまするあいだ、幾万々歳、御長久の方々、御供養のほど、庫裏《くり》からすみまで、ひとえに願い上げ奉ります』

と、これを聞いた施主の人々、さては仏に魔が差したか、あるいはよみがえったか、と、顔を見合わせて考え込む。この時、住職、棺のそばに立ち寄って合掌して

お経を唱えながら、

「松明《たいまつ》を持って〝ポンポン〟と打つと、棺が砕けて、中から南北、額に〝ごま塩〟（死者の額につける三角の紙）を当て、経帷子《きようかたびら》で棺桶の底を〝ポンポン〟と打ち鳴らし」

以下、太夫と才蔵の二人一組でするご祝儀の万歳《まんざい》をもじって、亡者の南北が一人芝居をして舞納めたあとは、家主が、

「遠方のところ、ご苦労様にござります。御銘々様へご挨拶上がりまするはずのところ、これにてお礼申し上げげます。万歳も相済みましてござりますれば、御勝手しだいにお帰りくださりませ」

と、葬礼を出すというシナリオ。

『戯作者小伝』(一八五六)によれば、

「生まれつき〝滑稽〟を好み、〝人を笑はすこと〟を仕事のようにしていた」

という南北。

その死は一八二九年十一月二十七日でしたが、葬儀は南北のシナリオ通り、翌年正月十三日に本所押上の春慶寺で行われ、江戸三座の役者は残らず麻上下《あさがみしも》で野辺送りに出て、参列者には餅菓子と共に、生前、南北の書いたこの〝正本〟(脚本)仕立ての摺本《すりほん》が配布されたのでした。

南北はさらに「極らくのつらね」と題するシナリオも用意しており、こちらのほうは三回忌の折、参列者に配られました。これも「南北生前の戯作と認めて然るべきであろう」(『鶴屋南北全集』第十二巻解説 大久保忠国)といいます。

そこには、やはり棺の中から現れた南北が歌舞伎の「暫《しばらく》」をもじりつつ極楽往生する様が描かれており、その後、退屈しのぎに仲間と地獄に遊びに行くと、閻魔様が「暫」を見たことがない、見たいというので演じたところ、今度は地蔵菩薩が「棺桶が出ないと南北らしくない。葬礼の暫は聞いたことがないからそれが見たい」と言い出す。そこでまたそのリクエストに応えたという、これまた馬鹿馬鹿しくも滑稽な作りになっています。

死んでも人を楽しませるサービス精神に満ちた南北は、現代の終活、平安・鎌倉時代の往生ブームを軽く飛び越えた、極めつきのイカす老人なのです。

葛飾北斎と三女阿栄――九十の時「あと五年生きれば〝真正の画工〟となったものを」と言い終えて死んだ父と、その才を受け継いだ娘

『富嶽三十六景』の大胆な浪の向こうに見える富士山の図や、『百物語』で幼児の生首をつかんで笑う般若の図、提灯に描かれたお岩さんの図など、日本人なら誰でも一度はどこかで、葛飾北斎（一七六〇〜一八四九）の絵を見たことがあるでしょう。

北斎は相当の変人だったようで、北斎の残した記録類のみならず、北斎と生前交流のあった人々にも取材した飯島虚心《いいじまきょしん》の『葛飾北斎伝』（一八九三）によれば、〝生涯の転居、九十三回。甚《はなは》だしきは一日三所に転〟居したほどの引っ越しマニアでした。

以下、『葛飾北斎伝』によれば、結婚は二度したものの、死別か離別か、妻はない。赤貧の中、三女の〝阿栄《おえい》〟と二人、自分たちでは食事も作らず、三度の食事も皆、隣の酒店から運んでいた。家には土瓶と茶碗が二、三あるのみ。よそから食べ物をもらっても、他の器に移すことなく、竹の皮、重箱からそのまま、箸も使わず、じかにつかんで食い、食べ終わったゴミはほったらかし。

今でいうならコンビニで買ったお総菜をパックに入ったまま、手づかみで食べるようなもので、そんな暮らしをしながら〝汚穢極まれば〟転居していたのです。

その様子を書いたものが245ページの挿絵で、これは実際に北斎が本所亀沢町榿《はんのき》馬場に住ん

でいたころの室内の様子を、門人の〝露木氏〟が描いて『葛飾北斎伝』の著者飯島氏に送ったものだといいます。

片づけも何もせず、家が汚くなるたびに引っ越していたというのですから、稼いでも稼いでも〝常に赤貧〟だったのもうなずけます。

使ったペンネームも三十以上。一つところにとどまらない、常に変化を好む天才気質と言いたいところですが、これについては、一説に、北斎が名前を門人に譲ることで〝若干の報酬金〟を得るのを常としている、そのため〝貧困〟が極まるとすぐに名を譲るので、門人はひそかにこれを厭うていた、と。

つまり生活のためと見る人もいた、と『葛飾北斎伝』は伝えています。

また、北斎は滝沢（曲亭）馬琴（一七六七～一八四八）とも親しく、その著作の挿絵も描いていました。ところが、馬琴が、口に草履をくわえた絵を描いてほしいと言ったところ、

「そんな汚いものを誰が口にできるか。もしそうでないと言うなら、あなたがまずこれを口にしてみよ」

と、北斎が笑ったので、馬琴が激怒して、絶交したともいいます。

この話を紹介する『葛飾北斎伝』は、その後も北斎は馬琴の挿絵を描いているし、北斎はかつて馬琴の家に〝食客〟として居候していたこともあり、絶交については〝甚《はなはだ》疑ふべし〟としています。

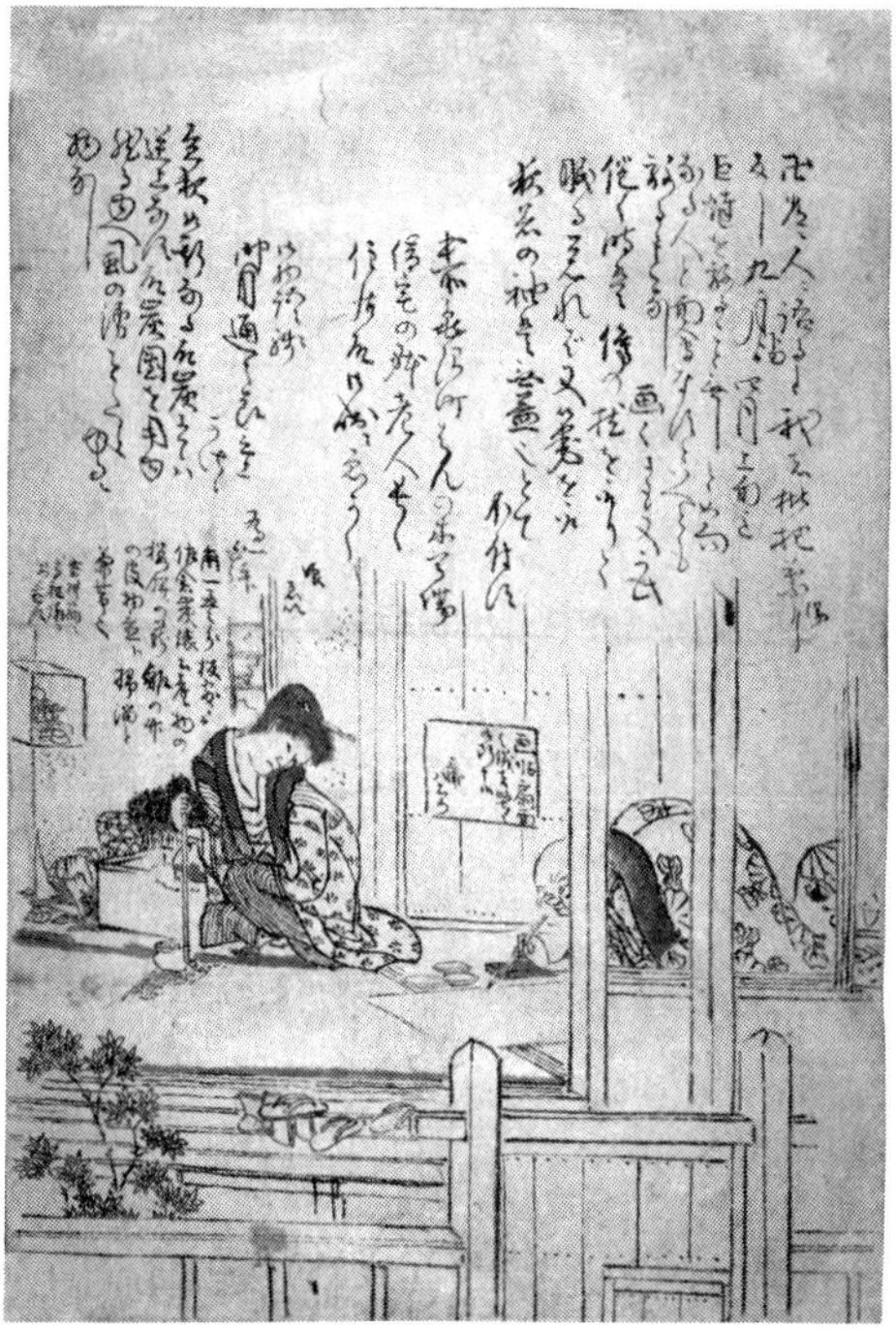

「北斎仮宅之図」（国立国会図書館蔵）
北斎が本所亀沢町榿《はんのき》馬場に住んでいたころの室内の様子を、門人の〝露木氏〟が描いたもの。こたつを背にふとんを肩まで掛け、筆をとる北斎を娘の阿栄が見ている。杉戸には〝画帖扇面之儀は堅く御断申候〟とあり、画帖や扇面に絵を描く依頼は断っていたらしい。火鉢の脇には〝佐倉炭俵、土産物の桜餅の籠、鮓《すし》の竹の皮〟が散乱、〝物置〟と〝掃溜〟を兼ねたような部屋といった文字が見える。

また一説にこんなことがあったといいます。北斎が馬琴の食客であった時、北斎の母の命日に、北斎の困窮を察した馬琴が香典を紙に包んで与えた。その夜、北斎が帰宅して、談笑しながら袂から紙を出し、鼻をかんで投げ捨てた。それを見た馬琴は激怒して、

「これは朝、私が与えた香典包みの紙ではないか。さだめし中にあった金は、仏事ではなく別のことに使ったのだろう。この不孝者め」

と罵ると、北斎は笑って答えました。

「確かに頂いた金は私の口中に入った。精進料理を仏前に供え、坊主を雇って読経させるようなことは〝世俗の虚礼〟だ。〝父母の遺体〟すなわち我が一身を養うに越したことはない。この身をいたわり百歳の寿命を保つほうが父母への孝ではないのか」と。

〝父母の遺体〟とはすなわち父母の遺してくれた体。その体を養うために金を使ったほうが、坊主に金を払うより親孝行だというのです。

これを聞いた馬琴は黙ってしまいました。

食べ物を手づかみで食べ、ゴミは捨て置いたままだった北斎なら、香典包みで鼻をかむのはありそうな話です。

馬琴との絶交の真偽は分かりませんが、謹厳実直で気むずかし屋の馬琴と天衣無縫な北斎という二人の天才の親密さと、性格の違いを物語るエピソードでしょう。

ちなみに馬琴も八十二歳の長寿を保ち、晩年、失明後は息子の嫁に口述筆記をしてもらいながら、七十五歳で『南総里見八犬伝』を完成させ、死の間際まで創作活動を続けていました。第一章で触れた『沙石集』の無住といい（彼が『雑談集』を書いたのは八十歳の時）、世阿弥といい、四世鶴屋南北といい、短命のイメージのある昔の人が、七十八十過ぎまで生きて、死の間際まで創作し続けていた、そういう人が少なくないことには、驚くばかりです。

さて北斎はといえば、老いてますます画業に燃え、天保五（一八三四）年、七十五歳の折、出版した絵本『富嶽百景』初編の「跋《ばつ》」には、

「七十三歳でやや禽獣虫魚の骨格や、草木の出生を悟り得た。なので八十歳になったらますます進歩して、九十歳にはさらにその奥義を極め、百歳になればまさに〝神妙〟の域に達しようか。百何十歳になれば、一点一画、生けるがごとくになるだろう」

と書いた。

一八三六年、七十七歳になる年の正月の手紙には（文面では〝七十六の老人〟と自称）、

「ますます精を出して、いよいよ上手になりとうございます。それだけが楽しみでございます」

とあって、嘉永二（一八四九）年、四月十八日、九十歳で臨終の際は、

〝天我をして十年の命を長ふせしめば〟

と言ってから、しばらくしてさらに、

〝天我をして五年の命を保たしめば、真正の画工となるを得べし〟

と、言い終えて死にました。

「天が私にあと十年、せめて五年の命を与えてくれたら、本物の画工となれたのに」

と言ったのです。

金にも無頓着で、ひたすら絵を描く日々を過ごし、死の前年、八十九歳になっても、

〝頭髪白くして、面貌痩せたりと雖《いへども》、気力青年のごとく、百歳の余も生きぬべし〟（『葛飾北斎伝』）というほどの元気さを保ち、翌年病床に臥せば、門人や旧友等がやって来て、〝看護日々怠りなし〟という中で死去。葬式はやはり門人や旧友たちが金を出しあって行ったのでした。


ついでにいうと、北斎の三女の阿栄は、画家と結婚したものの、相手の絵の下手なところを〝笑〟うなどして、離婚。その後は父北斎と住みながら、家事など一切することなく、父の死後は兄弟の家にいたものの、男子のような気性だったため、兄弟の嫁とは不仲で、常に、

「私は筆一本あれば、衣食を得ることは難しくない。なんでちまちました家事などやってられるか」（〝妾は、筆一枝あらば、衣食を得ること難からず。何ぞ区々たる家計を事とせんや〟）

と言っていた。

商家や武士の娘の門人もいて、のちには出張授業もしていたが、ある日、出て行ったまま行

方知れずとなり、加賀の金沢にて六十七歳で死んだとも、また一説に信州の小布施村の高井三九郎の家で死んだとも、定かではないといいます。

阿栄の姪の遺書によれば、安政四（一八五七）年の夏、東海道戸塚宿の文蔵という人から絵を描くよう依頼を受け、筆を懐に出て行ってから行方が知れないとも。

〝清貧〟を楽しみ、粗衣粗食を恥とせず、画業の傍ら、観相卜占をよくし、女仙人になろうとして常に〝茯苓《ぶくりよう》〟（サルノコシカケ科のキノコ）を服用していた。そんな阿栄を『葛飾北斎伝』は

〝奇女といふべし〟と評しつつ

〝余の美人画は、阿栄におよばざるなり〟

と父北斎も認める才能の持ち主だったたと称えます。

娘を、家事などの雑事で煩わすことなく、その才能を花開かせた北斎は、父親としても現代人の先を行っています。阿栄のセリフも現代女性顔負けで、この父にしてこの娘ありと、ますます北斎が慕わしくなります。

老人年表

（▼は本書の対応記事）

旧石器時代	紀元前二、三万年	●日本列島に人が住み始める ▼序章
縄文時代	紀元前一万年	●縄文時代の老人は埋葬状態からすると、熟年・壮年期の人と比べ「簡素な扱い」を受けていた（山田康弘『老人と子供の考古学』）▼序章
縄文後期	紀元前一五〇〇年	●農耕の始まり ▼序章
弥生時代	紀元前四〇〇年	
古墳時代	三世紀末	●倭人は〝寿考《ながいき》〟で百年、八・九十年生きる（『魏志』倭人伝）▼第一章
	三一七年	●『抱朴子《ほうぼくし》』不老長寿の方法。平安時代には日本に伝わり影響 ▼第十五章
大和時代	四世紀～六世紀半ば	●百済より漢字・漢文伝来 ▼序章
	二世紀ころ成立・四七二年漢訳	●『雑宝蔵経《ぞうほうぞうきょう》』巻第一 〝棄老〟国、老人の知恵で国難を免れ老人を孝養（日本に伝来し影響）▼第三章 ▼第十一章
	五三八年	●仏教公伝
	七世紀後半～八世紀	●中国を手本に律令制定「戸令」八十、九十、百歳以上に介護役の規定 ▼第一章

奈良時代

「戸令」六十一歳以上を〝老〟（老人）と規定。六十六歳以上を〝耆《き》〟として課役を全免 ▼第一章

「選叙令」官僚が辞職を許されるのは七十歳 ▼序章 ▼第一章

「名例律」高齢の犯罪者に関する減刑措置 ▼第八章

「僧尼令」僧尼の焚身や捨身等を禁じる ▼第九章

七一二年

●『古事記』日本最古の文学

垂仁天皇、常世国《とこよのくに》に〝ときじくのかくの木実《このみ》〟を取りに行かせるも死去 ▼第十五章

「因幡《いなば》の白ウサギ」「海幸山幸」の源流話 ▼第五章

七一三年以後

●『丹後国風土記』逸文（『釈日本紀』〔鎌倉末期〕巻十二に残る）浦嶋子《うらのしまこ》、仙女と海中の御殿で夫婦に。玉匣《たまくしげ》を開け、芳《かぐわ》しい姿が風と共に飛び去る。「浦島太郎」の源流話 ▼第五章 ▼第十五章

八世紀後半

●『万葉集』

巻第二、巻第四などに「老いらくの恋」が多く歌われる ▼第六章

巻第三　持統天皇に物語を語る老女〝志斐嫗《しひのおみな》〟と天皇の贈答歌 ▼第十二章

巻第九　水江の浦嶋子、海の神女と結婚するも、〝玉くしげ〟を開け、老人になり死去 ▼第五章

巻第十六　〝竹取の翁〟、九人の美女にからかわれる。『竹取物語』の同名の翁と関連？ ▼第六章 ▼第十章 ▼第十一章

若返りの霊水〝をち水〟が歌われる ▼第六章 ▼第十五章

平安時代

七九七年

●『続日本紀』巻第七　七一七年、元正天皇が霊泉を発見、「養老」と改元し、八十、九十、百歳以上の老人に叙位や賜物 ▼第一章 ▼第十五章

八二二年ころ

●『日本霊異記』　日本最古の仏教説話集
中巻第三十一　聖武天皇の御代、七十歳と六十二歳の夫婦に女児誕生、女児のもたらした富で、老親、七重の塔を建立 ▼第六章

九世紀後半〜十世紀半ば？

●『竹取物語』　ミカド、天人から〝不死の薬〟を献上されるも山上で燃やす。
「かぐや姫」の源流話 ▼第十五章

十世紀初め

●『伊勢物語』六十三段　在原業平、孝行息子の願いにほだされ、その老母と寝る ▼第六章

十世紀後半

●『落窪物語』　継母の叔父の貧しい六十歳の医師、継母に命じられ、ヒロインを犯そうとして失敗、ヒロインに脱出の機会を与える
▼第十章 ▼第十一章 ▼第十二章
●「花桜折る少将」（『堤中納言物語』）　色好みに誘拐されそうになった姫、祖母が偶然、身代わりになって救われる ▼第十一章
●『うつほ物語』
「忠こそ」巻　金持ち五十代女、三十代男に貢ぎ、財産が尽きると捨てられ、復讐する悪役として描かれる ▼第六章
「嵯峨の院」巻　近ごろの男は、美人でも貧しい女とは結婚しない、醜くても資産があれば結婚する ▼第四章
●『大和物語』百五十六段　信濃国の姥捨て山伝説 ▼第三章

九八三〜九八五年ころ	●慶滋保胤《よししげのやすたね》『日本往生極楽記』日本最古の往生伝。伊勢国の尼、手の皮を剝ぎ、その皮に極楽の図を描きたいと願い叶えられ、往生 ▼第九章
九八四年	●丹波康頼《たんばのやすより》編『医心方《いしんほう》』現存する日本最古の医学書。白髪を黒くしたり、シミやニキビの治療法などが載る美容篇あり ▼第十五章
九八五年	●源信『往生要集』六道を巡る輪廻の苦しみを描き、極楽往生を目指すハウツー本。平安時代の往生ブームの引き金に ▼第九章
一〇〇〇年ころ	●清少納言『枕草子』 「にげなきもの」段　老女の妊娠や嫉妬は似つかわしくない ▼第六章 「社は」段　四十歳以上の者を殺させていたミカド、中将の隠していた七十歳近い老親の知恵で国難を救われ、都に老人が住むことを許す ▼第三章 ▼第十一章
一〇〇八年ころ	●紫式部『源氏物語』 「紅葉賀」巻　五十七、八歳の源典侍《げんのないしのすけ》、十九歳の光源氏やその友達と寝て笑いの種に。老醜ぶりが描かれる ▼第六章 ▼第十章 「賢木」巻　〝老いてはべれば醜きぞ〟〝老の御ひがみ〟など老人は心身の醜さが描かれ、悪役の傾向 ▼第十章 「明石」巻　明石の入道、光源氏に〝昔物語〟を語る ▼第十四章 「朝顔」巻　老いらくの恋は〝よからぬもの〟 ▼第六章 「螢」巻　物語に描かれる善悪は極端だが、すべて現実の反映 ▼序章

平安時代	一〇〇八年ころ	「螢」巻　光源氏、娘に読み聞かせるため、意地悪な継母の話などは取り除きつつ〝昔物語〟を書かせ、絵にも描かせる ▼序章 「若菜上」巻　明石の尼君、孫の姫君に出生のいきさつを語る ▼第十四章 「手習」巻　瀕死の病人を、僧たちが寺院の敷地外に捨てようとする ▼第三章 「手習」巻　横川の僧都の八十過ぎの母尼（大尼君）、皆の持て余し者。老醜といびきに、浮舟、地獄の〝鬼〟を連想 ▼第十章 物語の牽引役としての源典侍、大尼君 ▼第十一章
	十一世紀	●赤染衛門ほか『栄花物語』 巻第八　四十五歳の源倫子を、夫の藤原道長、「姫たちに劣らぬほど若々しい」と褒める ▼第六章 巻第八、巻第十四、巻第三十六　内大臣や関白の姫君、内親王さえ親を亡くして人に仕える身となる ▼第四章 巻第十六　七十六歳で娘を亡くした藤原顕光《あきみつ》、阿弥陀仏も唱えず、都合のいい未来を夢見る言動を、女房や僧侶に嘲笑される ▼第十章 巻第三十　藤原道長の臨終の様子。娘の中宮威子、父道長が〝下品下生〟に往生したことを夢で知る ▼第九章 巻第三十九　七十九歳の関白教通《のりみち》、八十七歳の姉女院彰子に政治の相談 ▼第一章
	一〇六七年	●藤原頼通《よりみち》、七十六歳で関白辞任。弟の藤原教通、翌一〇六八年、七十三歳でやっと関白に就任 ▼第一章

	一〇七〇年ころ	●『狭衣物語』巻二　〝老子《おいご》は人の大事〟（高齢出産は一大事）。四十五、六なら妊娠可能の言 ▼第六章
	一〇七三年ころ	●『成尋阿闍梨母集』八十過ぎの老母、渡宋する息子との別れの苦悩を歌日記に綴る ▼第十六章
	一〇七五年	●藤原教通、八十歳で死ぬまで関白をつとめる ▼序章 ▼第一章
	一一〇一年ころ	●大江匡房《まさふさ》『続本朝往生伝』　大江為基《ためもと》、蘇生、〝下品下生〟に往生したことを家族に教えて死ぬ ▼第九章
平安中期～末期		●『玉造小町《たまつくりこまち》子《し》壮衰書《そうすいしょ》』　美人の零落と老衰を描いた漢詩。小野小町とは別人だが、小町零落説話として読み継がれた ▼第四章
平安後期		●『大鏡』 仏は八十歳で入滅したことを根拠に「人間の寿命は八十歳とすべき」 ▼第一章 元親王妃が落ちぶれ、徒歩で道長のもとへ行き所領の回復を訴える ▼第四章 『大鏡』は、三十歳ほどの侍が、百九十歳と百八十歳の翁二人らの語りを聞くという形で百八十年近くの歴史を物語る設定 ▼第十二章
平安末期	一一三〇年前後	●『今昔物語集』 巻第五第三十二　七十歳以上の老人を捨てていた国、大臣が隠していた老母の知恵で国難を救われ、老人を尊ぶようになる ▼第三章 ▼第十一章 巻第十六第七、巻第十六第八、巻第十六第九、巻第十六第三十　貧女の婚活話 ▼第四章

平安末期	一一三〇年前後	巻第十六第十、巻第十六第三十一　貧しいシングルマザー、観音に祈り大金を得る ▼第四章 巻第十六第二十八　身寄りのない若侍、長谷寺での霊夢により得た〃藁の筋〃を物々交換、豊かに暮らす。「わらしべ長者」の源流話 ▼第二章 巻第二十四第八　老名医、三十路美女の色香に迷い、治療に専念、むなしく逃げられ、世の笑い物に ▼第六章 ▼第八章 ▼第十章 巻第二十四第三十一　五十近いと推定される歌人の伊勢御息所の声や気配に、醍醐天皇の使者、感激 ▼第六章 巻第二十六第二十　病んだ使用人、外に捨てられ犬に食われる ▼第三章 巻第二十七第二十三　猟師兄弟の老母、〃鬼〃になり、子らを襲って切られ、放置されて死ぬ。「弥三郎婆」「鍛冶屋の婆」の類話 ▼第十三章 巻第二十八第十八　七十歳の次席僧、寺の長官になりたさに八十過ぎの長官を毒殺せんとする ▼第一章 巻第三十一第三十　受領、重病の姉妹を鳥部野《とりべの》（墓地）に捨てる ▼第三章
鎌倉時代	一一六九～一一八〇年ころ	●後白河院『梁塵《りようじん》秘抄《ひしよう》口伝集』巻第十　院、今様を老傀儡女《くぐつめ》の乙前《おとまえ》が八十四歳で死ぬまで習う ▼第十二章 ▼第十六章
	十三世紀前半	●『宇治拾遺物語』巻第三ノ十六「雀報恩事《すずめほうおんのこと》」　六十女、雀を助けて金持ちに。隣の老女、雀を故意に傷つけ、仕返しに殺される。「舌切り雀」の源流話 ▼第三章

一二一五年以前
●『古事談』
巻第二の二十七　小野小町の髑髏 ▼第四章
巻第二の五十五　清少納言が落ちぶれて〝鬼〟のような尼姿に ▼第四章
巻第二の五十七　清少納言、男と間違えられて殺されそうになり、女性器を出す ▼第四章

一二三五～一二三八年
●『正法眼蔵随聞記』六ノ六　医薬と求道に関する論 ▼第九章

一二五四年
●『古今著聞集』巻十六　若い男、〝小松〟という六十女を寵愛 ▼第六章

一二八三年
●無住『沙石集《しゃせきしゅう》』
巻第四の四　脳卒中で半身不随になった僧侶、物乞いに落ちぶれ、道行く僧侶に、将来の介護を見越しての妻帯を勧める ▼第一章 ▼第四章
巻第四の六　介護目当てに三、四十歳の尼と同居した七十歳の僧侶、浮気された上、殺されそうに ▼第四章

一三〇五年
●無住『雑談集《ぞうたんしゅう》』　著者八十歳の時に書いた説話集 ▼第一章

十四世紀初め
●二条『とはずがたり』巻四　男関係を疑われた作者、「四十にすら満たぬ身なので、今後、何が起きるかは分からない」と返答 ▼第六章
●『平家物語』巻第七　老武者斎藤実盛、敵に侮られぬよう白髪を染めて出陣 ▼第十五章

一三二一年書写
●『稚児草子』第一話　精力の衰えた老僧のため、稚児が乳母子の協力で、挿入しやすくする準備 ▼第七章

	一三三〇～一三三一年ころ	●兼好法師『徒然草』 第七段　「命が長いと恥も多い。長くとも四十未満で死ぬのが見苦しくない」▼第十章 第一五二段　高僧の老いた有様を尊ぶのは、よぼよぼの老犬を尊ぶのと同じ▼第十章 第一七二段　老人の知恵は、若さの美貌に匹敵▼第十二章
室町時代	十五世紀初め	●世阿弥『風姿花伝』〝老人の物まね、この道の奥義なり〟、年寄りに似せるには年寄りの願望通り若々しく振る舞え▼第十五章
	一四二四年	●世阿弥『花鏡』〝命には終りあり、能には果てあるべからず〟▼第十六章
	一四三六年	●世阿弥『金島書《きんとうしょ》』　佐渡に流された世阿弥七十四歳の時の小謡曲舞集▼第十六章
南北朝・室町時代～江戸初期		●御伽草子と呼ばれる物語が流行、おびただしい数が作られる▼序章 「およふの尼」貧しい行商の七十老尼、七十の老僧に女を紹介するとだまし、寝る▼第四章 「浦島太郎」浦島太郎、亀を助け、亀の化身の女と竜宮城で結婚。亀がくれた箱を開けると老人に（のち鶴になって飛び去る）▼第五章 「姥皮」継母から逃れ家出した娘、かぶると婆になる〝姥皮〟を観音に授かり、幸福な結婚▼第十章

江戸初期		「一寸法師」老夫婦に厄介者扱いされた一寸法師、貴族の家に仕え、姫に盗み食いの罪をなすりつけ、追放されるよう仕向ける。鬼から奪った打ち出の小槌で大きくなって姫と結婚、子孫繁栄 ▼第五章
	十七世紀前半	●『醒睡笑《せいすいしょう》』巻之六　夫と死別した婆、あの世で夫が女狂いしていると隣人にだまされる ▼第八章
	一六八六年	●井原西鶴『好色一代女』巻四　一代女、七十歳ほどの女ご隠居の同性愛の相手 ▼第七章 ▼第八章
	一六八七年	●捨て子、捨て牛馬、捨て病人の禁止 ▼第三章
江戸中期〜後期		●根岸鎮衛《やすもり》『耳袋』巻の三　高利貸しの老婆、〝無頼の少年〟を雇い借金の取り立て。その残酷さに少年も離れる ▼第八章
	一七八二〜一七八七年	●天明の大飢饉 ▼序章 ▼第三章
	一七八七年	●上田秋成『書初《かきぞめ》機《き》嫌海《げんかい》』「昔々に戻ることはあり得ないし、戻りたくもない」▼第十六章
	一七九〇年	●高山彦九郎『北行日記』　一七九〇年に東北を訪ねた著者、飢饉の惨状を聞き書き。子に捨てられて親が餓死、親が子を食う話など ▼序章 ▼第三章
	一七九二年	●山東京伝『昔々桃太郎発端話説』「桃太郎」は桃により〝若やぐ〟老夫婦がもうけた ▼第五章

江戸中期～後期	
一七九五～一七九七年	●橘《たちばな》南谿《なんけい》『東遊記　補遺』　一七八六年に東北を訪ねた著者、飢饉の惨状を聞き書き。隣家の男に瀕死の息子を殺させた上、その隣家の男をも殺し、二人分の肉を手に入れた父親の話など ▼第三章
一八〇二～一八一四年	●十返舎一九『東海道中膝栗毛』　六十の〝ばゝア〟、〝六十ばかりのばゝアめ〟など、老女に対する侮蔑多し ▼第六章
一八〇八年	●上田秋成『胆大小心録《たんだいしようしんろく》』　七十五歳の時の著。松尾芭蕉を偽者、本居宣長を田舎者の世間知らずオヤジと罵る ▼第十六章
一八〇九年	●上田秋成『異本胆大小心録』　七十六歳の時の著。師の建部綾足《たけべあやたり》を罵る ▼第十六章 ●式亭三馬『浮世風呂』　〝年老《としより》のくせに〟〝年老らしく引込で居りやアいゝ〟など、女が老女を侮る。三十ばかりの芸者が〝婆文字《ばばもじ》〟と呼ばれる ▼第六章
一八一一年	●滝沢馬琴『燕石雑志《えんせきざつし》』「桃太郎」が桃から生まれる話のほか、桃の実を食べ若返った夫婦から生まれるというバージョンを伝える ▼第五章 ▼第十五章
一八一三年	●『都風俗化粧伝《みやこふうぞくけわいでん》』　手軽にできる美白やアンチエイジングなど美容・化粧法。大正十一（一九二二）年にいたるまで一世紀を超えるロングセラー ▼第十五章
一八二三年	●『希杖本《きじよう》一茶句集』　小林一茶、三男の金三郎を、悪質な乳母に殺されかける ▼第八章
一八二五年	●四世鶴屋南北、七十一歳の時、『東海道四谷怪談』上演 ▼第十六章

一八二九年	●四世鶴屋南北、七十五歳で死去。葬儀のシナリオ『寂光門松後万歳《しでのかどまつごまんざい》』を準備 ▼第十六章
一八三二年	●滝沢馬琴編『兎園《とえん》小説拾遺』一八二八年にあった実話として、七十を超す老女の死体に老狸が取り憑き、奇行 ▼第十三章
一八三四年	●葛飾北斎、七十五歳の時、『富嶽百景』の跋《ばつ》に「百何十歳になれば、一点一画生きているような絵が描けるようになろう」と書く ▼第十六章
一八四一年	●滝沢馬琴、七十五歳で『南総里見八犬伝』を完成させる（刊行は一八一四〜一八四二年）▼第十六章
一八四三年	●『雲萍雑志《うんぴょうざつし》』巻之二　捨て子をもらって殺しては養育費を貪っていたため、〝子貰婆〟とあだ名される老女 ▼第八章
一八四九年	●葛飾北斎、九十歳で臨終の際、〝天我をして五年の命を保たしめば、真正の画工となるを得べし〟と言う ▼第十六章
一八八〇年	●『イザベラ・バードの日本紀行』第十六信　一八七八年に日本を旅したイザベラ・バード、年配男性の首吊りの話を聞き書き ▼第三章

参考文献

本書は以下の文献を参考にしています。
著者・校注者・訳者・編纂者に深く感謝申し上げます。

一　昔話のテキスト

●稲田浩二・小澤俊夫責任編集『日本昔話通観』一〜二六　同朋舎出版　一九七七〜一九八九年
●稲田浩二『日本昔話通観』二七〜二九　同朋舎出版　一九八八〜一九九〇年
●柳田國男『改訂版　日本の昔話』角川文庫　角川書店　一九六〇年

二　参考原典

●阿部秋生・秋山虔・今井源衛校注・訳『源氏物語』一〜六　日本古典文学全集一二〜一七　小学館　一九七〇〜一九七六年
●小島憲之・直木孝次郎・西宮一民・蔵中進・毛利正守校注・訳『日本書紀』一〜三　新編日本古典文学全集二〜四　小学館　一九九四〜一九九八年
●市古貞次校注・訳『平家物語』一・二　日本古典文学全集二九・三〇　小学館　一九七三・一九七五年
●日本随筆大成編輯部編『燕石雑志』……『日本随筆大成』〈第二期〉一九（吉川弘文館　一九七五年）所収
●橘南谿／宗政五十緒校注『東西遊記』一　東洋文庫二四八　平凡社　一九七四年

●萩原進校訂『北行日記』……『日本庶民生活史料集成』第三巻（三一書房　一九六九年）所収
●三谷栄一・三谷邦明・稲賀敬二校注・訳『落窪物語・堤中納言物語』新編日本古典文学全集一七　小学館　二〇〇〇年
●大島建彦校注・訳『御伽草子集』日本古典文学全集三六　小学館　一九七四年
●市古貞次・秋谷治・沢井耐三・田嶋一夫・徳田和夫校注『室町物語集』上・下　新日本古典文学大系五四・五五　岩波書店　一九八九・一九九二年
●大島建彦・渡浩一校注・訳『室町物語草子集』新編日本古典文学全集六三　小学館　二〇〇二年
●井上光貞・関晃・土田直鎮・青木和夫校注『律令』　日本思想大系新装版　岩波書店　一九九四年
●青木和夫・稲岡耕二・笹山晴生・白藤禮幸校注『続日本紀』二　新日本古典文学大系一三　岩波書店　一九九〇年
●渡邊綱也校注『沙石集』日本古典文学大系八五　岩波書店　一九六六年
●小島孝之校注・訳『沙石集』新編日本古典文学全集五二　小学館　二〇〇一年
●山田昭全・三木紀人校注『雑談集』　三弥井書店　一九七三年
●橘健二・加藤静子校注・訳『大鏡』新編日本古典文学全集三四　小学館　一九九六年
●馬淵和夫・国東文麿・稲垣泰一校注・訳『今昔物語集』一〜四　新編日本古典文学全集三五〜三八　小学館　一九九九〜二〇〇二年
●山田孝雄・山田忠雄・山田英雄・山田俊雄校注『今昔物語集』一〜五　日本古典文学大系二二〜二六　岩波書店　一九五九〜一九六三年
●山中裕・秋山虔・池田尚隆・福長進校注・訳『栄花物語』一〜三　新編日本古典文学全集三一〜三三　小学館　一九九五〜一九九八年
●和田清・石原道博編訳『魏志倭人伝　他三篇』岩波文庫　岩波書店　一九五一年
●谷脇理史・神保五彌・暉峻康隆校注・訳『井原西鶴集』三　新編日本古典文学全集六八　小学館　一九九六年
●松尾聰・永井和子校注・訳『枕草子』新編日本古典文学全集一八　小学館　一九九七年
●片桐洋一・福井貞助・高橋正治・清水好子校注・訳『竹取物語・伊勢物語・大和物語・平中物語』日本古典文学全集八　小学館　一九七二年
●岡教邃訳『雑宝蔵経』……『国譯一切経』阿含部一〇・本縁部一（大東出版社　一九三一年）所収
●小林保治・増古和子校注・訳『宇治拾遺物語』新編日本古典文学全集五〇　小学館　一九九六年
●イザベラ・バード／時岡敬子訳『イザベラ・バードの日本紀行』上　講談社学術文庫　講談社　二〇〇八年
●杤尾武校注『玉造小町子壮衰書』岩波文庫　岩波書店　一九九四年
●中野幸一校注・訳『うつほ物語』一〜三　新編日本古典文学全集一四〜一六　小学館　一九九九〜二〇〇二年

●川端善明・荒木浩校注『古事談・続古事談』新日本古典文学大系四一　岩波書店　二〇〇五年
●神田秀夫・永積安明・安良岡康作校注・訳『方丈記・徒然草・正法眼蔵随聞記・歎異抄』新編日本古典文学全集四四　小学館　一九九五年
●西沢正二『名篇御伽草子』　笠間書院　一九七八年
●山口佳紀・神野志隆光校注・訳『古事記』新編日本古典文学全集一　小学館　一九九七年
●青木和夫・石母田正・小林芳規・佐伯有清校注『古事記』日本思想大系一　岩波書店　一九八二年
●小島憲之・木下正俊・佐竹昭広校注・訳『萬葉集』一〜四　日本古典文学全集二〜五　小学館　一九七一〜一九七五年
●佐竹昭広・山田英雄・工藤力男・大谷雅夫・山崎福之校注『萬葉集』一〜四　新日本古典文学大系一〜四　岩波書店　一九九九〜二〇〇三年
●中村幸彦校注『東海道中膝栗毛』日本古典文学全集四九　小学館　一九七五年
●日本名著全集刊行會編『黄表紙廿五種』日本名著全集　江戸文芸之部　第一一巻　日本名著全集刊行会　一九二六年
●秋本吉郎校注『風土記』日本古典文学大系二　岩波書店　一九五八年
●植垣節也校注・訳『風土記』新編日本古典文学全集五　小学館　一九九七年
●中村通夫校注『浮世風呂』日本古典文学大系六三　岩波書店　一九五七年
●久保田淳校注・訳『とはずがたり』……『建礼門院右京大夫集・とはずがたり』（新編日本古典文学全集四七　小学館　一九九九年）所収
●鈴木一雄校注『狭衣物語』上・下　新潮日本古典集成　第六八・七四回　新潮社　一九八五・一九八六年
●暉峻康隆・東明雅校注・訳『井原西鶴集』一　新編日本古典文学全集六六　小学館　一九九六年
●中田祝夫校注・訳『日本霊異記』新編日本古典文学全集一〇　小学館　一九九五年
●西尾光一・小林保治校注『古今著聞集』上・下　新潮日本古典集成　第五九・七六回　新潮社　一九八三・一九八六年
●永積安明・島田勇雄校注『古今著聞集』日本古典文学大系八四　岩波書店　一九六六年
●安楽庵策伝／鈴木棠三校注『醒睡笑』上・下　岩波文庫　一九八六年
●日本随筆大成編輯部編『雲萍雑志』……『日本随筆大成』〈第二期〉四（吉川弘文館　一九七四年）所収
●矢羽勝幸校注『一茶　父の終焉日記・おらが春　他一篇』岩波文庫　岩波書店　一九九二年
●『希杖本一茶句集』……丸山一彦・小林計一郎校注／信濃教育会編『一茶全集』第五巻（信濃毎日新聞社　一九七八年）所収
●根岸鎮衛／鈴木棠三編注『耳袋』一　平凡社ライブラリー三四〇　平凡社　二〇〇〇年
●石田瑞麿校注『源信』日本思想大系六　岩波書店　一九七〇年

●黑板勝美・国史大系編修会編『扶桑略記・帝王編年記』新訂増補国史大系　第一二巻　吉川弘文館　一九六五年
●井上光貞・大曽根章介校注『往生伝・法華験記』日本思想大系新装版　岩波書店　一九九五年
●黑板勝美・国史大系編修会編『令集解』前篇　新訂増補国史大系　第二三巻　吉川弘文館　一九六六年
●東京大学史料編纂所編『小右記』五　大日本古記録　岩波書店　一九六九年
●横山重・松本隆信編『室町時代物語大成』第二　角川書店　一九七四年
●馬場光子全訳注『梁塵秘抄口伝集』講談社学術文庫　講談社　二〇一〇年
●新間進一校注・訳『梁塵秘抄』……『神楽歌・催馬楽・梁塵秘抄・閑吟集』（日本古典文学全集二五　小学館　一九七六年）所収
●日本随筆大成編輯部編『兎園小説拾遺』……『日本随筆大成』〈第二期〉五（吉川弘文館　一九七四年）所収
●葛洪／本田濟訳注『抱朴子　内篇』東洋文庫五一二　平凡社　一九九〇年
●槇佐知子『医心方』巻四　美容篇　筑摩書房　一九九七年
●高橋雅夫校注『都風俗化粧伝』東洋文庫四一四　平凡社　一九八二年
●表章校注・訳『風姿花伝』『花鏡』……『連歌論集・能楽論集・俳論集』（日本古典文学全集五一　小学館　一九七三年）所収
●宮崎荘平全訳注『成尋阿闍梨母集』講談社学術文庫　講談社　一九七九年
●東京大学史料編纂所編『後愚昧記』二　大日本古記録　岩波書店　一九八四年
●表章・加藤周一校注『世阿弥・禅竹』日本思想大系新装版　岩波書店　一九九五年
●中村幸彦・高田衛・中村博保校注・訳『英草紙・西山物語・雨月物語・春雨物語』新編日本古典文学全集七八　小学館　一九九五年
●美山靖校注『春雨物語・書初機嫌海』新潮日本古典集成　第三六回　新潮社　一九八〇年
●中村幸彦校注『上田秋成集』日本古典文学大系五六　岩波書店　一九五九年
●上田秋成全集編集委員会（中村幸彦代表）編『上田秋成全集』第九巻　中央公論社　一九九二年
●日野龍夫校注『本居宣長集』新潮日本古典集成　第六〇回　新潮社　一九八三年
●大久保正編『本居宣長全集』第八巻　筑摩書房　一九七二年
●郡司正勝校注『東海道四谷怪談』新潮日本古典集成　第四五回　新潮社　一九八一年
●竹柴愬太郎編『鶴屋南北全集』第一二巻　三一書房　一九七四年
●森銑三・野間光辰・朝倉治彦監修『燕石十種』第二巻　中央公論社　一九七九年
●飯島虚心／鈴木重三校注『葛飾北斎伝』岩波文庫　岩波書店　一九九九年

三　参考文献・サイト

●稲田浩二・稲田和子編『新版　日本昔話ハンドブック』三省堂　二〇一〇年

●稲田浩二責任編集『日本昔話通観』研究篇二『日本昔話と古典』同朋舎　一九九八年

●大島正二『漢字伝来』岩波新書　岩波書店　二〇〇六年

●山田康弘『老人と子供の考古学』歴史文化ライブラリー三八〇　吉川弘文館　二〇一四年

●青柳まちこ「老いの人類学」……青柳まちこ編『老いの人類学』（世界思潮社　二〇〇四年）所収

●柳田國男『昔話覚書』……『定本柳田國男集』新装版　第六巻（筑摩書房　一九六八年）所収

●文・末吉暁子／え・長新太『かちかちやま』はじめてのおはなし絵本一八　講談社　一九九五年

●鳥越信編『目でみる日本昔ばなし集』文春文庫ビジュアル版　文藝春秋　一九八六年

●三浦佑之『浦島太郎の文学史――恋愛小説の発生』五柳書院　一九八九年

●鬼頭宏『人口から読む日本の歴史』講談社学術文庫　講談社　二〇〇〇年

●統計局ホームページ　www.stat.go.jp/data/jinsui/2013np/index.htm

●柳谷慶子『江戸時代の老いと看取り』日本史リブレット九二　山川出版社　二〇一一年

●百瀬孝『日本福祉制度史――古代から現代まで』MINERVA福祉ライブラリー二〇　ミネルヴァ書房　一九九七年

●パット・セイン／木下康仁訳『老人の歴史』東洋書林　二〇〇九年

●内閣府「平成24年版高齢社会白書」　www8.cao.go.jp/kourei/whitepaper/w-2012/zenbun/index.html

●磯貝富士男「下人の家族と女性」……坂田聡編『日本家族史論集四　家族と社会』（吉川弘文館、二〇〇二年）所収

●大島建彦「姥捨ての伝承」……東洋大学日本文学文化学会編「日本文学文化」二〇〇一年一号（東洋大学日本文学文化学会事務局）所収

●菊池勇夫『飢饉』集英社新書　集英社　二〇〇〇年

●福島県「うつ病と自殺について『高齢者の自殺の実態』」　www.pref.fukushima.lg.jp/sec/21840a/utujisatu-2.html

●上野正彦『自殺死体の叫び』ぶんか社　二〇〇〇年

●厚生労働省「平成26年（２０１４）人口動態統計の年間推計」の「結果の概要」　www.mhlw.go.jp/toukei/saikin/hw/jinkou/suikei14/index.html

●高木侃『三くだり半と縁切寺』講談社現代新書　講談社　一九九二年

●太田素子『近世の「家」と家族』角川叢書五二　角川学芸出版　二〇一一年

●五味文彦『院政期社会の研究』山川出版社　一九八四年

●橋本治『ひらがな日本美術史』二　新潮社　一九九七年
●稲垣足穂「『稚児之草子』私解」……萩原幸子編『稲垣足穂全集』第四巻（筑摩書房　二〇〇一年）所収
●環境省自然環境局「動物の愛護及び管理に関する法律」　law.e-gov.go.jp/htmldata/S48/S48HO105.html
●沢山美果子『江戸の捨て子たち――その肖像』歴史文化ライブラリー二五五　吉川弘文館　二〇〇八年
●五来重『善光寺まいり』平凡社　一九八八年
●内閣府「平成26年版高齢社会白書」　www8.cao.go.jp/kourei/whitepaper/w-2014/zenbun/26pdf_index.html
●法務省「平成26年版犯罪白書のあらまし」　www.moj.go.jp/housouken/housouken03_00077.html
●朝比奈次郎・三澤孝夫・平林直次「高齢者にかかわる民事、刑事事件の状況」……『老年精神医学雑誌』二〇一〇年七月号（ワールドプランニング）所収
●氏家幹人『江戸の少年』平凡社ライブラリー七二　平凡社　一九九四年
●厚生労働省「平成22年（２０１０）人口動態統計（確定数）の概況」の「人口動態統計年報　主要統計表（最新データ、年次推移）」の「死亡」項目　www.mhlw.go.jp/toukei/saikin/hw/jinkou/kakutei10/
●新村拓『死と病と看護の社会史』法政大学出版局　一九八九年
●都築響一『巡礼～珍日本超老伝～』双葉社　二〇〇七年
●柳田國男「桃太郎の誕生」……『定本柳田國男集』新装版第八巻（筑摩書房　一九六九年）所収
●『お伽草子』シリーズ太陽一九　太陽古典と絵巻シリーズ三　平凡社　一九七九年
●片平幸三編『福島の民話』未来社　一九五八年
●川原秀城『毒薬は口に苦し　中国の文人と不老不死』大修館書店　二〇〇一年
●内藤正敏『日本のミイラ信仰』法藏館　一九九九年
●表章「世阿弥と禅竹の伝書」……『世阿弥・禅竹』（日本思想大系新装版　岩波書店　一九九五年）所収
●大塚ひかり『本当はひどかった昔の日本――古典文学で知るしたたかな日本人』新潮社　二〇一四年
●大塚ひかり個人全訳『源氏物語』一～六　ちくま文庫　筑摩書房　二〇〇八～二〇一〇年
●大塚ひかり『源氏物語　愛の渇き』KKベストセラーズ　一九九四年

四　辞典・辞書類

●日本大辞典刊行会編『日本国語大辞典』縮刷版一～一〇　小学館　一九七九～一九八一年
●前田勇編『江戸語の辞典』講談社学術文庫　講談社　一九七九年

大塚ひかり おおつか・ひかり
1961年横浜市生まれ。古典エッセイスト。早稲田大学第一文学部日本史学専攻。個人全訳『源氏物語』全六巻、『源氏の男はみんなサイテー』『カラダで感じる源氏物語』『ブス論』『愛とまぐはひの古事記』『女嫌いの平家物語』（以上、ちくま文庫）、『快楽でよみとく古典文学』（小学館）、『ひかりナビで読む竹取物語』（文春文庫）、『本当はひどかった昔の日本』（新潮社）など著書多数。

昔話はなぜ、お爺さんとお婆さんが主役なのか

2015年3月23日　第1刷発行
2015年5月19日　第3刷発行

著者……………大塚ひかり

発行者…………藤田　博
発行所…………株式会社草思社
〒160-0022
東京都新宿区新宿5-3-15
電話　営業03（4580）7676
　　　編集03（4580）7680
振替　00170-9-23552
印刷所…………中央精版印刷株式会社
製本所…………株式会社坂田製本

ISBN978-4-7942-2117-9 Printed in Japan　検印省略